Kauderwelsch
Band 229

Foto: Daniel Krasa

Gründe, Österreich zu mögen, gibt es genug!

Impressum

Lukas Mayrhofer, Daniel Krasa
Österreichisch – Wort für Wort
erschienen im Reise Know-How Verlag Peter Rump GmbH
Osnabrücker Str. 79, D-33649 Bielefeld
info@reise-know-how.de

1. Auflage 2016

Bearbeitung & Layout Christine Schönfeld
Layout-Konzept Günter Pawlak, FaktorZwo! Bielefeld
Umschlag Peter Rump (Titelfoto: © Ingo Bartussek@fotolia.com)
Kartographie Iain Macneish
Fotos Lukas Mayrhofer, Daniel Krasa, Manuel Zauner
Druck und Bindung Werbedruck GmbH Horst Schreckhase, Spangenberg

ISBN: 978-3-8317-6471-6
Printed in Germany

Wer im Buchhandel kein Glück hat, bekommt unsere Bücher zuzüglich Porto- und Verpackungskosten auch direkt über unseren Internet-Shop: ***www.reise-know-how.de***

Die Internetseiten mit Aussprachebeispielen und der Zugriff auf diese über QR-Codes sind eine freiwillige, kostenlose Zusatzleistung des Verlages. Der Verlag behält sich vor, die Bereitstellung des Angebotes und die Möglichkeit der Nutzung zeitlich und inhaltlich zu beschränken. Der Verlag übernimmt keine Garantie für das Funktionieren der Seiten und keine Haftung für Schäden, die aus dem Gebrauch der Seiten resultieren. Es besteht ferner kein Anspruch auf eine unbefristete Bereitstellung der Seiten.

Der Verlag möchte die **Reihe Kauderwelsch** weiter ausbauen und **sucht Autoren!** Mehr Informationen finden Sie unter ***www.reise-know-how.de/rkh_mitarbeit.php***

Kauderwelsch

Lukas Mayrhofer
Daniel Krasa

Österreichisch

Wort für Wort

Kauderwelsch heißt:

- Schnell mit dem **Sprechen** beginnen, auch wenn nicht immer alles korrekt ist.
- Von der **Grammatik** wird nur das Wichtigste in einfachen Worten erklärt.
- Es geht um die **Alltagssprache,** also das, was man tatsächlich auf der Straße hört.
- Die **Autoren** sind entweder Reisende, die die Sprache im Land selbst gelernt haben oder Muttersprachler.

Kauderwelsch-Sprachführer sind keine Lehrbücher, aber viel mehr als traditionelle Reisesprachführer. Wer ein wenig Zeit investiert, einige Vokabeln lernt und die Sprache im Land anwendet, wird **Türen öffnen,** ein Lächeln ins Gesicht zaubern und reichere Erfahrungen machen.

- **www.reise-know-how.de**

Talk to each other!

Deutsch für Deutsche ?!

Österreichisch!

Die **Idee zu diesem Kauderwelsch-Band** entstand, als die beiden Autoren in einem österreichischen Lokal saßen und von deutschen Touristen am Nebentisch gefragt wurden, was man denn hier am besten so trinke. Die Antwort „Radler, Cappy Leitung oder Spritzer gegen den Durst und hintennach einen kleinen Braunen" erntete nur Fragezeichen, und auch den Mistkübel für die Serviettenfuzerl musste man den Gästen erst „ausdeutschen". Somit war klar, dass hier Handlungsbedarf besteht.

Mit **viel Witz** und typisch österreichischem **„Schmäh"** machen die Autoren in diesem Buch das in Österreich gesprochene Hochdeutsch verständlich. Und Hochdeutsch ist es, im Gegensatz zum Dialekt, da wird auch in Österreich ganz genau unterschieden. Und ja, verständlich muss es auch gemacht werden. Oder was verstehen Sie unter Spagat, Spundus und Sponsion?

Über **1200 Wörter und Redewendungen aus dem Alltag,** anschaulich erläutert, lassen fast alle Verständigungsprobleme schwinden und bieten einen amüsanten Einblick. Man bekommt direkt Appetit, die Mehlspeisen im Kaffeehaus zu kosten oder die echte Würstelstandkultur zu erkunden.

Inhalt

Im Gespräch

Anhang

Foto: Daniel Krasa

Wer ein bisserl Österreichisch lernt, beweist Weitblick!

Vorwort

Sie lieben Österreich zum Schifahren, Städte-Tripping oder Wanderurlaub? Vielleicht sind Sie ja bereits Fan von Wiener Kaffeehäusern, Topfenpalatschinken, Marillenknödeln oder Tiroler Gröstl? Möglicherweise gehen Sie ja auch zum Arbeiten oder zum Studium in die Alpenrepublik? Aber dennoch beginnen Sie zögerlich, dieses Büchlein durchzublättern, denn was um alles in der Welt ist Österreichisch? Manch österreichischer Dialekt mag wie eine Fremdsprache klingen, aber die Hochsprache ist doch die gleiche wie in Berlin oder Zürich, oder etwa nicht? Oberflächlich betrachtet haben Sie schon recht, doch bei der Lektüre einer österreichischen Speisekarte, beim Obst- und Gemüsestand am Markt oder auch im Regionalteil der lokalen Zeitung mögen bundesdeutsche oder eidgenössische Reisende schnell ans Ende ihrer Kenntnisse gelangen, denn Deutsch unterscheidet sich nun mal nicht nur auf der gesprochenen Ebene.

Auch wenn bereits ab dem 6. Jahrhundert germanische Völker wie Bajuwaren und Alemannen das heutige Österreich bevölkerten, so hat sich die deutsche Sprache zwischen Bodensee und Donaubecken in vielerlei Hinsicht anders entwickelt als weiter nördlich oder westlich des Sprachgebiets. Diese Unterschiede machen sich auch im Hochdeutschen bemerkbar, denn ob Sie's glauben oder nicht, es gibt eine unabhängige österreichische Form des Hochdeutschen, die sich vom deutschen oder Schweizer Standard abgrenzt – und es geht hier nicht um Dialekt!

Grundsätzliches

Die von etwa 77 Millionen in der Bundesrepublik verwendete Variante des Deutschen mag vielleicht die bei weitem gebräuchlichste sein, doch die einzige oder gar einzig korrekte ist sie deshalb noch lange nicht! Andere wichtige nationale Standardvarietäten sind z. B. das Schweizer Hochdeutsch sowie das hier behandelte österreichische Deutsch.

Es muss hier einmal gesagt sein: Deutsch ist (ebenso wie z. B. Englisch, Französisch, Portugiesisch oder Spanisch) plurizentrisch und eine Sprache, die von mehr als 100 Millionen Menschen in unterschiedlichen Ländern als Muttersprache gesprochen wird.

Die Hochsprache der Republik Österreich – auch als österreichisches Standarddeutsch bezeichnet – unterscheidet sich dabei nicht nur in Vokabular und Aussprache, sondern auch in Grammatik, Rechtschreibung und Idiomatik in zahlreichen Punkten von den Schweizer und bundesdeutschen Normen.

Grundlegend dafür ist unter anderem das seit 1951 bestehende Österreichische Wörterbuch, das in seiner Funktion dem Rechtschreibduden ähnelt und für Schulen und Ämter Österreichs verbindlich ist. Doch Sie fragen sich, was man sich unter diesen Differenzen vorzustellen hat? Nun, wenn im Alpenland ein Satz wie Wenn es sich im Jänner bei dir nicht ausgeht, dann schick mir doch rasch ein E-Mail oder Wir haben heute untertags viel ausgerichtet, drum lass uns doch im Park ein bisserl ausrasten fällt, so mag das den einen oder anderen Sprachverwandten in Bremen, Erfurt oder Appenzell mutmaßen lassen, sein Gegenüber spreche „falsch". Doch dem ist nicht so, denn man folgt in der rot-weiß-roten Republik einfach anderen Gesetzmäßigkeiten. Sie mögen fragen: Aber ist denn das wirklich so umfangreich? O ja, das können wir versichern. Überzeugen Sie sich selbst.

Ein weiterer Einwand könnte sein, dass man in Österreich doch auch mit bundesrepublikanischem oder eidgenössischem Deutsch verstanden wird; wozu also dieses Buch? Als österreichischen Autoren ist es uns ein Bedürfnis, das Deutsche in seiner ganzen Vielfalt zu zeigen und Sprachbewusstsein zu schaffen. Die eigene Art zu sprechen ist ein wesentlicher Teil des Selbstverständnisses, und der für Österreich so typische Charakter und die unabhängige Kultur lassen sich besonders durch die eigene Sprachvarietät erfahren. Es geht hier also wahrhaftig nicht um die „Ösimaus", die brüllte!

Wer also mit der österreichischen Alltagskultur in Kontakt treten, das wahre Österreich erfahren und im Land Sympathiepunkte sammeln will, wird mit diesem Buch eine wahre Entdeckungsreise antreten!

Mit diesen Worten lassen wir Sie nun den Inhalt dieses Büchleins entdecken und hoffen, dass Ihnen die Lektüre nicht nur ungläubiges Stirnrunzeln, sondern auch reichlich Spaß bescheren wird. Viel Freude dabei!

Daniel Krasa & Lukas Mayrhofer

Als die Idee zu diesem Buch entstanden ist und wir begonnen haben, Material zusammenzutragen, wussten wir noch nicht, in welche sprachwissenschaftlichen Tiefen wir hinabsteigen würden, um eine schier unendliche Menge an österreichischen Spracheigenarten zu Papier zu bringen. Deshalb kann das vorliegende Werk auch niemals als vollständig bezeichnet werden, vielmehr soll es eine nützliche Darstellung der namhaftesten Unterschiede sein – nicht mehr und nicht weniger.

Sprachgeschichte und historische Einflüsse

Richtig oder falsch? Die in diesem Buch dargestellten Standards (was z. B. das Geschlecht von Hauptwörtern angeht) sind die in Österreich üblichen, häufig einzig zulässigen bzw. „richtigen", auch wenn sie andernorts seltsam klingen mögen.

„Nur durch Sprache können wir uns als geschichtliche Wesen erfassen", meint der Schriftsteller und Essayist Karl-Markus Gauß. Im Mittelalter waren das heutige Österreich und der Süden Deutschlands die Regionen, in denen die namhaftesten Sprachzeugnisse auf Alt- und Mittelhochdeutsch verfasst wurden. Zwischen dem 16. und der Mitte des 18. Jahrhunderts sah es zeitweise so aus, als würde sich die durch süddeutsche und bairisch-österreichische dialektale Eigenheiten geprägte oberdeutsche Schriftsprache des Klerus auch als Amts- und Literatursprache im mehrheitlich katholischen Bayern und in den habsburgischen Erbländern durchsetzen und damit zu einer Sprachteilung des Heiligen Römischen Reichs deutscher Nation führen. Denn in den protestantischen Landstrichen bevorzugte man nach der Reformation das so genannte kursächsische Lutherdeutsch, das aus der sächsischen Kanzleisprache hervorgegangen war und deshalb auch als Meißnisch bezeichnet wurde.

Mit der Einführung der Schulpflicht in Österreich im Jahre 1774 und der Notwendigkeit einer einheitlichen Verwaltungssprache entschied sich das habsburgische Kaiserhaus unter Maria Theresia und ihrem Sohn Joseph II. aus pragmatischen Gründen letztendlich für die Einführung der Meißnischen Varietät, auch weil man den Einfluss auf nördlichere Landstriche nicht verlieren wollte und in Sachen Bildungspolitik einiges aufzuholen hatte. Ausschlaggebend für diese Entscheidung war v. a. der österreichisch-mährische Gelehrte Joseph von Sonnenfels. Doch identisch mit jenem im Norden war das geschriebene Deutsch – das gesprochene natürlich noch viel weniger – auf österreichischem Terrain trotzdem nie. Anfang des 19. Jahrhunderts schlugen mehrere Versuche fehl, die gesamtdeutsche Sprache zu standardisieren, bis 1866 der Deutsche Bund aufgelöst wurde und es in Folge zur Neuformierung der Doppelmonarchie Österreich-Ungarn auf der einen und dem Deutschen Reich auf der anderen Seite kam.

Spezifisch österreichische Begriffe, Wörter und Wendungen werden stets fett markiert, bundesdeutsche hingegen kursiv dargestellt, d. h. kursiv = in Österreich oftmals ungebräuchlich oder auch unbekannt.

Ab jetzt waren zwei – nicht selten miteinander konkurrierende – deutschsprachige Staaten geboren, die beide unabhängig voneinander ihre schriftsprachlichen Gewohnheiten als Regeln kodifizierten und damit einen Grundstein für den plurizentrischen Charakter der deutschen Sprache legten. Diese Entwicklung wurde bis zur Gegenwart mehr oder weniger ausgeprägt weitergeführt.

Das Land war aufgrund der eigenen Bezeichnungen („Deutschösterreich" von 1918-1919 bzw. „Ostmark" nach dem Anschluss an Hitlerdeutschland) nach Kriegsende nicht nur auf Verdrängungskurs der politischen Geschehnisse und Verantwortlichkeit, sondern auch auf sprachlicher Identitätssuche. Der Wunsch nach kultureller Abgrenzung zu

Nach dem Zusammenbruch der Habsburger Monarchie im Jahr 1918 wollte man die „deutschösterreichische Republik" ausrufen, was die alliierten Siegermächte jedoch im Friedensvertrag von St. Germain unterbanden.

Deutschland führte u. a. dazu, dass bis Mitte der 50er-Jahre in Schulzeugnissen nicht von „Deutsch“, sondern lediglich von „Unterrichtssprache“ die Rede war. Nicht zufällig fällt auch in diese Zeit die Erstausgabe des oben erwähnten Österreichischen Wörterbuchs.

Komplett aufgegeben wurde das oberdeutsche Wortgut übrigens nicht, und so finden sich in der modernen Sprache immer noch Relikte daraus, wie Bub, Hafner, Leintuch, Kutteln, Rechen, schlecken, Stecken oder Zins.

Äxgüsi, liebe westliche Alpennachbarn: In weiterer Folge werden wir den typisch österreichischen Begriffen aus platztechnischen Gründen nur bundesdeutsche Entsprechungen gegenüberstellen und hoffen, dass diese auch von Schweizer Leserinnen und Lesern verstanden werden.

Eine Vielzahl rechts- und verwaltungstechnischer Begriffe geht übrigens noch heute auf das österreichische, maßgeblich von Joseph von Sonnenfels geprägte Amtsdeutsch im Habsburgerreich zurück, so z. B. Ausdrücke wie approbieren *(zulassen)*, die Causa *(Fall*, nicht *Rechtsgrund)*, dirimieren *(entscheiden)*, die Krida *(Konkurs)*, das Legat *(Vermächtnis)*, das/die Servitut *(Dienstbarkeit)*, skartieren *(Akten vernichten)* oder urgieren *(auf eine Entscheidung drängen)*. In manchen Fällen sind in Österreich noch ältere Begriffe zu hören, wie das bis ins 19. Jahrhundert auch in Deutschland übliche Jänner (statt *Januar*).

Gänzlich anders verhält es sich mit ausländischen Lehnwörtern. Während Anfang des 20. Jahrhunderts Deutschland mehrheitlich deutschsprachig war, gaben zur gleichen Zeit nicht einmal 25 % der Einwohner Österreich-Ungarns Deutsch als ihre Muttersprache an, und so erstaunt es nicht, dass bis heute zahlreiche Entlehnungen aus slawischen Sprachen oder dem Ungarischen zu finden sind:

Österreichisch	Bundesdeutsch	Herkunft
der Brimsen	der Frischkäse aus Schafmilch	slowak.: *bryndza*
der Fogosch *(im Burgenland)*	der Zander	ung.: *fogas*
die Jause	die (kalte) Zwischenmahlzeit	slowen.: *južina*
der Kren	der Meerrettich	kroat./serb.: *hren*, poln.: *chrzan*, slowak.: *chren*, tschech.: *křen*
der Kukuruz	der Mais	kroat./serb.: *kukuruz*
die Maschekseite *(ostösterr.)*	die Rückseite, Hinterseite	ungar.: *másik* (= der/die andere)
der Mulatschak	das (ausgelassene) Fest, die Party	ung.: *mulatság*
der Powidl	das Pflaumenmus	tschech.: *povidla*

Besonders in Ostösterreich und speziell in Wien hat das Tschechische viele Wörter rund ums Essen geprägt (bürgerliche Wiener Haushalte hatten traditionell böhmische Köchinnen), aber auch auf die Alltagssprache Einfluss genommen. So gehören Ausdrücke wie auf Lepschi gehen (*sich herumtreiben*, von tschech. lepší „besser"), petschiert sein (*ruiniert sein*, von tschech. pečeť „Siegel") oder pomali (*langsam, mit Gemach* von tschech. pomalu „langsam") zum lokalen Wortbestand. Ebenso finden sich gerade in der Wiener Umgangssprache Überbleibsel des Jiddischen, wie beispielsweise: der Haberer *(Freund, Kumpan),* ein Masel (a Masn) haben *(Glück haben),* mauscheln *(undeutlich sprechen* – ursprünglich antisemitisch gemeint, also mit jiddischem Akzent sprechen), die Mischpoche *(Familie, Sippe),* der Schmattes *(Trinkgeld),* Tacheles reden *(Klartext reden),* der Tinnef *(Blödsinn, billiges Zeug)* oder vermasseln *(verderben, verhindern).*

> *Fragt ein Deutscher einen österreichischen Bekannten: „Sag, was ist diese* Mischpoche, *über die ihr immer redet? Ist das was zum Essen?" Antwortet ihm darauf der Österreicher: „Nein, zum* Speiben *(Kotzen)!"*

Geradezu massiv wurde das österreichische Deutsch auch durch das Französische geprägt, war es doch wie in vielen anderen Ländern Europas die Sprache des Hofes.

Im Gegensatz zum Bundesdeutschen wurde die Originalschreibung beibehalten, z. B. das Bouquet (sprich [bukeh] statt *Bukett*), das Buffet (sprich [büffeeh] statt *Büfett*), das Canapé (statt *Kanapee*), das Parfum (sprich [parfö^{n}] (statt *Parfüm*), das Rouleau (statt *Rollo*) oder die Sauce (statt *Soße*).

Ebenso behält man in Österreich meist die Betonung französischer Lehnwörter bei, also Kaffee (statt *Kaffee*) oder Kabarett (sprich [kabaree] statt *Kabarett*) bzw. die Originalaussprache, so v. a. bei Chance (sprich schohns und nicht *schangse*), Cousin (sprich [kusö^{n}] statt *kuseng*), Giraffe (sprich [shiraffe] statt *giraffe*) und jovial (sprich [showial] statt *jowial*).

Interessanterweise ist dies auch noch dort häufig der Fall, wo die Schreibweise zwischenzeitlich eingedeutscht wurde, wie bei Kai (von franz. quay), das in Österreich als [kee] und nicht als [kaj] artikuliert wird.

In Deutschland weitestgehend unübliche französische Entlehnungen sind außerdem:

applanieren	beilegen, schlichten
die Bouteille	die Flasche
delogieren	zum Ausziehen zwingen
der Fauteuil	der Sessel
die Garçonnière	die Einzimmerwohnung
das Gilet	die ärmellose Weste
inskribieren	einschreiben
insultieren	beleidigen
konvenieren	passen, recht sein
das Necessaire	der Kulturbeutel
der Plafond	die Zimmerdecke
der Portier [portier]	der Hotelportier, auch: der Hausmeister
prolongieren	verlängern
refundieren	rückvergüten, zurückzahlen
retournieren	zurücksenden
reversieren	umkehren
das Trottoir	der Bürgersteig

Die meisten dieser Wörter behalten ihre französische Aussprache bei. Ausnahme ist z. B. der Portier, *sprich* [portier] *und nicht* [portjee]*!*

Sehr häufig hört man außerdem vis-à-vis (statt *gegenüber*) und apropos (häufiger als „übrigens"). Interessant ist in diesem Zusammenhang, dass das Österreichische in einigen Fällen italienische Lehnwörter vorzieht, wo das Bundesdeutsche französische kennt, so z. B. das Aviso (statt *der Avis* – Hinweis), der Gusto (statt *Appetit*), der Kontrollor (statt *Kontrolleur*) oder die Melanzani (statt *Aubergine*).

Weitere italienische Lehnwörter sind:

ein Alzerl	ein bisschen (von ital. „alzo" – ein Stück Leder, das den Schuh ausfüllt)
die Biskotten (oft [bischkotten]	die Löffelbiskuits gesprochen)
detto	dasselbe (wie oben), wie schon gesagt (in Deutschland „dito")
die Maroni	die Maronen, die Kastanien
die Parte	die Todesanzeige (von ital. „dare parte")
die Pasta	die Paste (Zahnpaste)
perlustrieren	genau durchsuchen (von ital. „perlustrare")
die Polizze	die Versicherungspolice
(so) quasi	sozusagen

Aus dem Englischen finden sich speziell im Wortschatz des Fußballs einige Lehnwörter, wie der Corner (*der Eckball, der Eckstoß*), das Out (*das Aus*), der Penalty (*der Strafstoß, der Elfmeter*), aber auch manchmal das Goal (*das Tor*), der Keeper (*der Torwart*) oder der Referee (*der Schiedsrichter*). Und wo Norddeutsche *Pampelmuse* sagen, geht Österreicherinnen und Österreichern nur das englische Grapefruit über die Lippen.

Hochsprache vs. Dialekt

Praktisch das gesamte deutsche Sprachgebiet kennt neben der Hochsprache diverse regionale Sprachregister. Auch in Österreich gibt es abseits der hochsprachlichen – meist geschriebenen – Standardvarietät zahlreiche Dialektformen, wobei diese in einer Art Wechselspiel mit dem österreichischen Hochdeutsch stehen und sich entsprechend gegenseitig beeinflussen. Insofern ist die Abgrenzung zwischen Dialekt, Hoch- und Umgangssprache gerade in Österreich sehr häufig nicht ganz eindeutig, nicht zuletzt weil der eigene österreichische Charakter der Sprache

Vielerorts überwiegt in Österreich im Alltag der Dialekt, doch wird er kaum verschriftlicht – sieht man von Filmdrehbüchern, Mundartdichtung, Musiktexten und neuerdings Chats und SMS ab.

oftmals besser über mundartliche Formen transportiert werden kann. Somit finden sich auch in unserem Buch einige Begriffe, die sich eher in eine Art hochsprachlich-dialektale Grauzone einordnen lassen, doch spiegeln sie in allen Fällen das gesprochene Wesen des Landes wider.

Sprecherzahlenmäßig dominieren die in Ostösterreich gesprochenen Dialekte und dabei speziell der in und rundum Wien, der gerade auch medial weitaus präsenter ist als die restlichen. Aber sagen Sie das bloß keinem Tiroler!

Man unterteilt Österreich grob in zwei Dialektgruppen: die bairische und die alemannische. Zum Verbreitungsgebiet letzterer zählen neben der Deutschschweiz, Schwaben, Teilen Baden-Württembergs, Liechtenstein, dem Elsass und kleinen Teilen Norditaliens auch das kleinste österreichische Bundesland: Vorarlberg. Die anderen Dialekte werden der bairischen Gruppe zugeschrieben, wobei es einen Unterschied zwischen südbairischen Dialekten (mit ihren typischen Kehlkopflauten, vor allem in Tirol, Osttirol, Kärnten und Teilen Salzburgs und der Steiermark) sowie mittelbairischen (in allen anderen Teilen der Republik) gibt. Entsprechend finden sich selbst im kleinen Österreich teilweise unterschiedliche Begriffe für ein und dasselbe Wort, so sagt man im Norden und Osten Heidelbeere, in Teilen Tirols und Salzburgs Moosbeere, in Vorarlberg Blaubeere, in anderen Regionen vereinzelt aber auch Schwarzbeere.

Überschneidungen mit süddeutschen Begriffen sind also immer wieder möglich, weshalb Sie als Leser aus dem süddeutschen Raum bei dem einen oder anderen Begriff denken werden: „Das sagen wir doch auch“.

Exkurs: Vorarlberg

Für viele in Österreich gilt der Vorarlberger Dialekt als der am schwersten verständliche. Kein Wunder, denn „das Ländle" wurde von Alemannen und nicht wie der Rest des Landes von Bajuwaren besiedelt. Nicht nur die Aussprache der „G'siberger", wie man die Vorarlberger oft scherzhaft nennt (aufgrund ihrer gebräuchlichen Vergangenheitsform *„I bin g'si"* [gewesen]), sondern auch ihr Wortschatz weichen in vielen Bereichen von jenen im Rest Österreichs ab.

Aufmuntern kann man Vorarlberger mit einem nit lugg lo, *was soviel heißt wie „Nur nicht nachlassen!"*

Finden Vorarlberger (neben den Tirolern) etwas so richtig supertoll, sagen sie bärig!

Die Bewohnerinnen und Bewohner Vorarlbergs schaffa bzw. puggla *(arbeiten, malochen)* gern und viel, weswegen ihnen der Ruf vorauseilt, sehr fleißig zu sein. Man schiebt die Karretta *(Schubkarre)* und stärkt sich dafür um neun Uhr mit einer Vormittagsjause (Es Z'nüni) oder später beim Z'Vieri, dem Nachmittagsimbiss, und labt sich an Schübling (Knackwurst) oder Wienerle (Frankfurter Würstchen).

Und wenn der Ehni (Großvater) die Schesa (Kinderwagen) schiebt, liegt kein einfaches Mädchen, sondern ein Moatle, Motl, Schmelg, Meigi oder Maiggi drinnen, denn ein Mädchen in Bregenz ist nun mal anders als eines in Feldkirch oder im Montafon.

In einigen Fällen benutzt man in Vorarlberg, aber auch in Tirol Begriffe, die anderswo in Österreich als typisch deutsch gelten, beispielsweise: *der Blumenkohl* (statt der Karfiol), *das*

Hackfleisch oder *G'hackte* (statt das Faschierte), *der Kamin* (statt der Rauchfang), *der Pfifferling* (statt das Eierschwammerl; man hört aber auch das Eierschwämmle), *der süße Rahm* (für das Obers), und Limonaden sind – wie in Deutschland – feminin, also *die Cola*, *die Fanta* usw. (statt das Cola, das Fanta).

Gewöhnungsbedürftig, wenn auch gänzlich unpolitisch gemeint, ist der Gruß unter Bekannten Heile!, und an die Schweizer Nachbarn erinnert die Abschiedsfloskel Uf Wiederluega! (Auf Wiedersehen!).

Dialektale Vielfalt: das Bergland.

Foto: Daniel Krasa

Österreichisch vs. Bundesdeutsch

Das österreichische Deutsch stellt in seiner Wahrnehmung ein gewisses Paradoxon dar. Durch die weichere Aussprache und Sprachmelodie stoßen österreichische Sprecherinnen und Sprecher häufig auf Wohlwollen bei ihrem ausländischen Gegenüber, und auf den einen oder anderen Austriazismus wird – besonders in Deutschland – oft mit Verzückung reagiert. „Hübsch" wird aber nicht automatisch mit „richtig" gleichgesetzt, und fast könnte man von einem Imageproblem sprechen. Denn Studien zeigen, dass das österreichische Deutsch im Ausland oft als nicht korrekte Varietät wahrgenommen wird, und manche Österreicher empfinden ihre eigene Sprache als weniger elegant oder geschliffen als das Deutsch der Bundesrepublik. Mangelndes sprachliches Selbstwertgefühl oder David gegen Goliath?

Fassen wir zusammen: Das österreichische Deutsch und das Bundesdeutsche sind zwei Varianten der gleichen Sprache. Wie schon erwähnt, versuchte sich Österreich nach dem Zweiten Weltkrieg von seinem nördlichen Nachbarn abzugrenzen, was auch sprachlich seine Spuren hinterließ. Während bis in die späten 1980er Jahre noch klar gekennzeichnete Sprachgrenzen verliefen, sieht es heute weit schwammiger aus. In der Gegenwart dominiert Deutschland gerade im kulturell-medialen Bereich, wodurch das Bundesdeutsche immer mehr Einzug in die lokale Umgangssprache hält. So erstrahlen heutzutage in fast jedem österreichischen Haushalt neben einer Handvoll heimischer, landesweiter Fernsehsender mindestens 10-15 private und staatliche Programme aus Deutschland. Während es in Österreich wohl kaum einen jungen Menschen gibt, der noch nie mit bundesdeutschen Filmen, TV-Sendungen oder Musik konfrontiert war bzw. direkt mit Deutschen Kontakt gehabt hat, so verhält es sich im Gegenzug ganz anders. In der Bundesrepublik nimmt österreichische Kultur (und damit auch die hiesige Umgangssprache) einen Nischenplatz ein. Eine Ausnahme stellt aufgrund ähnlicher Mentalität und Sprache der süddeutsche Raum dar.

Hinzu kommt, dass in Österreich mittlerweile etwa 210.000 Deutsche leben; sie stellen somit die größte Gruppe unter den ansässigen Migrantinnen und Migranten, und pro Jahr verbringen durchschnittlich sensationelle 13 Millionen Bundesbürger zwischen Alpen und Donaubecken ihren Urlaub. Als klassisches Tourismusland, das auf seine Gäste eingeht, rümpft man in Österreich somit (zumindest nicht sichtbar) kaum noch die Nase, wenn man *eine Apfelsaftschorle* oder *Kaffee mit Sahne* bestellt bzw. im Supermarkt um *eine Tüte* bittet. Im Gegenzug lösen in Deutschland die Entsprechungen **ein Obi gespritzt, Kaffee mit Schlagobers** oder **ein Sackerl** in den allermeisten

Fällen höchstens ein fragendes Achselzucken aus. Heißt das, dass das österreichische Deutsch zugunsten des Bundesdeutschen verschwindet? Österreicher legen in der Regel großen Wert auf die eigene Sprachvariante und gerade auf offizieller Ebene werden die Eigenarten sehr akribisch „verteidigt". So verwendet man bei Radio- und Fernsehnachrichten und in der Presse immer noch vorrangig typisch österreichische Begriffe wie Bub(e) (statt *Junge*) oder heuer (statt *dieses Jahr*). Nach dem Beitritt Österreichs zur EU im Jahre 1995 wurden im so genannten Protokoll Nr. 10 genau 23 Ausdrücke aus dem Bereich der Kulinarik festgehalten, die in Rechtsfällen parallel zu den bundesdeutschen Begriffen anzuführen sind, z. B. Grammeln für *Grieben* oder Weichseln für *Sauerkirschen*.

Doch in der Umgangssprache verschwimmen die Differenzen zusehends, so dass man heutzutage zwischen Wien und Dornbirn immer öfter norddeutsche Ausdrücke wie *lecker* oder *Tschüs(s)!* hört und manchmal der ursprünglich deutsche Begriff parallel zum einheimischen besteht, wie *die Kartoffel* (neben echt österreichisch der Erdapfel bzw. der südösterreichischen Grundbirne) oder *der Schrank* (statt des informelleren Begriffs der Kasten). Wenn Sie nun doch mal in der Alpenrepublik ein Wort hören sollten, das in diesem Buch als spezifisch bundesdeutsch gekennzeichnet ist, dann liegt es wohl am Unterschied zwischen Theorie und Praxis!

Tu felix Austria, loquere! Bedenkt man, dass bundesdeutsche Ausdrücke in aller Regel auch an der schönen blauen Donau verstanden werden, könnte man daraus den logischen Schluss ziehen, dass Österreicher eigentlich zweisprachig sind. Blödsinn? Dann vergleichen Sie doch mal: Ein Sandler verkutzt sich an einem Bröckerl Karfiol *(Ein Penner verschluckt sich an einem Stückchen Blumenkohl und bekommt einen Hustenanfall). Na bravo!*

Typisch österreichisch!

Die fiktive „Weißwurstgrenze" (auch „Weißwurstäquator" genannt) bezieht sich nicht nur auf kulinarische Gepflogenheiten, die den nord- und mitteldeutschen vom süddeutschen Raum trennen, sondern kann auch als kulturelle und sprachliche Trennlinie gesehen werden.

Eine Sprache banal in für sie „typische" und „untypische" Kriterien zu sezieren, kann nur ein Griff in den Gatsch *(ein Schuss in den Ofen)* sein, da es unweigerlich zu Ausgrenzung und Stereotypisierung führt. Im Falle des österreichischen Deutsch ist das nicht anders, wenn auch diverse sprachliche Merkmale hier gar nicht oder viel häufiger auftreten als jenseits der Weißwurstgrenze. Wir werden in den folgenden Kapiteln auf die sprachlichen Eigenarten Österreichs eingehen, doch seien hier zuvor ein paar grundlegende Dinge gesagt:

Während im Bundesdeutschen gern alle möglichen Wörter des täglichen Gebrauchs abgekürzt werden, ist das zwischen Eisenstadt und Bregenz relativ unüblich. So wird der Anrufbeantworter nicht automatisch zum *AB*, die Mayonnaise nicht profan zur *Majo*, der Personalausweis nicht zum *Perso*, der Professor nicht zum *Prof*, und auch der Pullover wird selten zum *Pulli* degradiert. Auch sind Abkürzungen wie *Bufdi* (Bundesfreiwilligendienst), *HiWi* (Hilfswilliger) oder *KiTa* (Kindertagesstätte) weitestgehend unbekannt. Nicht-Österreichern mag das hiesige Deutsch außerdem etwas altmodisch vorkommen, zum Beispiel auf Hinweisschildern im öffentlichen Raum, wo solch eigentümliche Formulierungen wie „Bitte sich festzuhalten" oder „Es wird ersucht, das Rauchen zu unterlassen" noch zu finden sind.

Foto: Lukas Mayrhofer

Elegante Drohung: ein altes Hinweisschild in der Wiener Innenstadt.

Unüblich mag für Deutsche oder Schweizer auch der übermäßige Gebrauch des Konjunktivs II sein, der in Österreich nicht nur als Irrealität verstanden wird, sondern auch die Höflichkeit betont. Denn wenn man etwas in der ehemaligen Habsburgermonarchie nicht mag, so ist es allzu undiplomatische Direktheit. Wo bundesdeutsche Sprecherinnen oder Sprecher ganz unverblümt zum Ausdruck bringen wollen, dass man jetzt eben angekommen und für den Arbeitstag gerüstet sei, sagen Herr und Frau Österreicher nicht selten „Ich wäre jetzt im Büro". Diese Eigenart ist besonders im Geschäftsleben (z. B. in der Geschäftskorrespondenz oder bei Meetings) äußerst wichtig. Dabei obliegt es der zuhören-

Markennamen werden in Österreich üblicherweise in der Original-Aussprache übernommen. „Eindeutschungen" (wie in Deutschland bei „Michelin" oder „Colgate") finden selten statt.

den Person, ganz situationsbedingt die Nuancen in der Aussage seines oder ihres Gegenübers herauszuhören, ob z. B. im Satz Ich würde das Problem eher so und so lösen tatsächlich nur ein fakultativer Vorschlag mitschwingt oder es sich um eine verbindliche Anweisung handelt. Kein Wunder, dass gerade hier häufig mentalitätsbedingte Missverständnisse auftreten. Denn wie heißt es schon im viel zitierten, oft strapazierten und zu Unrecht dem Schriftsteller und Journalisten Karl Kraus (1874-1936) zugeschriebenen Satz: Was die Deutschen und die Österreicher trennt, ist ihre gemeinsame Sprache.

Abschließend sollten hier nicht die Unterschiede in der Buchstabiertafel unterschlagen werden:

Außerdem werden in Österreich die Buchstaben J je *(nicht jott) und Q* kwe *(nicht ku) genannt.*

	in Österreich	in Deutschland
Ch	**Christine**	Charlotte
K	**Konrad**	Kaufmann
Ö	**Österreich**	Ökonom
S	**Siegfried**	Samuel/Siegfried
ß	**scharfes S**	Eszett
Ü	**Übel**	Übermut
X	**Xaver**	Xanthippe
Z	**Zacharias / Zeppelin**	Zeppelin / Zürich

Teutonismus

In Anlehnung an die Ausdrücke „Austriazismus“ für österreichische und „Helvetismus“ für Schweizer Begriffe, verwendet man den Begriff „Teutonismus“ für typisch bundesdeutsches Wortgut. Noch heute bezeichnet man die Deutschen in Österreich gerne als „Teutonen“, abgeleitet vom fränkischen Ausdruck „theoda” (Volk), und belegt sie damit unterschwellig mit der Überheblichkeit und Verachtung der alten Römer gegenüber diesem „einfachen germanischen Volk“, das in der sagenumwobenen Schlacht am Teutoburger Wald im Jahre 9 n. Chr. ein Achtel des Gesamtheeres des Römischen Reiches vernichtete.

Wieso heißen Deutsche eigentlich Piefke?

Ebenfalls aus einer Schlacht heraus, nämlich jener in Königgrätz 1866, wo Preußen Österreich eine verheerende Niederlage bescherte und der Militärmusiker Johann Gottfried Piefke einen Marsch zur Feier des preußischen Sieges schrieb, wurde der durchaus verächtlich gemeinte Name „Piefke“ zum Sinnbild des (über-)korrekten Preußen und darüber hinaus zum Deutschen allgemein. Kurz: Deutsche sind bis heute für viele Öster-

Es gibt eben Wörter, die man in Österreich niemals sagen würde, wie „Weißkohl", „Möhre", „Speicher" usw., selbst wenn die Varianten „Kraut", „Karotte", „Dachboden" usw. in Deutschland ebenfalls verwendet und verstanden werden.

reicherinnen und Österreicher nicht gerade ein Anlass zu brennender Sympathie, und diese Tatsache hängt in erster Linie damit zusammen, dass man sich im Alpenland oft von seinen nördlichen bzw. nordwestlichen „Cousins" nicht ernst genommen fühlt bzw. das Gefühl vermittelt wird, dass ihre Eigenständigkeit – unter anderem im Sprachlichen – nicht unbedingt geachtet wird. Österreich ist nun mal anders, vieles läuft hier eben gar nicht so wie in Deutschland oder der Schweiz, und darauf ist man auch gewissermaßen stolz.

Foto: Lukas Mayrhofer

Auf sprachliche Eigenständigkeit legt man in Österreich einen gewissen Wert

Aussprache und Betonung

Die Aussprache ist zuerst der wohl auffälligste Unterschied des österreichischen Deutsch. Die hier gesprochene Sprache klingt weicher, melodiöser, im urbanen Sprachraum oftmals ein wenig nasaliert (also durch die Nase gesprochen) und – rein subjektiv betrachtet – weniger forsch und fordernd als im bundesdeutschen Sprachgebiet. Diese Eigenheiten lassen sich phonetisch in einer Handvoll Unterpunkten zusammenfassen:

Langer vs. kurzer Vokal

Wo vielerorts in Deutschland ein kurzer Vokal (Selbstlaut) vor einem Konsonanten (Mitlaut) gesprochen wird, ist dieser in der Regel in Österreich lang, so sagt man z. B. „Arzt" [aarzt] statt [arzt], „Geruch" [geruuch] statt [geruch], „Erdgeschoß" [eerdgeschooß] statt [erdgeschoss], „rächen" [rääche] statt [rächn] oder „Spaß" [schpaaß] statt [schpass]. Lang wird auch gern der „Chef" gesprochen, also [scheef] statt [scheff].

Genau anders herum verhält es sich mit dem Wort *Küken*, das im Bundesdeutschen lang artikuliert wird, während das ü beim österreichischen Kücken immer kurz gesprochen wird (ergo auch die Schreibung mit ck!), sofern man es ohnehin nicht gleich mit dem lautmalerischen Singerl beschreibt.

Wortakzent

Zahlreiche Wörter haben in Österreich eine andere Betonung als in Deutschland, so z. B.:

(in Österreich ist es übrigens immer das Sakko *und niemals „der"!)*

Anis	statt *Anis*
Ballast	statt *Ballast*
Kaffee	statt *Kaffee*
Mathematik	statt *Mathematik*
Muskat	statt *Muskat*
Pfefferminz	statt *Pfefferminz*
Radar	statt *Radar*
Sakko	statt *Sakko*
Saxofon	statt *Saxofon*
Tabak	statt *Tabak*
Telefon	statt *Telefon*
Zeremonie	[zeremonje] statt *Zeremonie*

Anfang, Mitte, Ende: Vom Präfix zum Suffix

Im österreichischen Deutsch wird das st- und sp- in manchen lateinischen, griechischen, französischen oder englischen Wörtern nicht als [scht-] oder [schp-], sondern als [ßt-] und [ßp] gesprochen, z. B. in „Stil", „Standard", „Statistik" oder „spezifisch". „Speziell" wird jedoch immer mit [schp-] gesprochen.

Das Wort „Spurt" wiederum wird jedoch meist englisch ausgesprochen.

In einigen Fällen wird jedoch gerade -sp- im Wortinneren, als [-schp-] ausgesprochen, wie (immer) beim „Kasperl" [kaschperl] und (oft) beim „Inspektor" [inschpektor].

Während in den meisten Regionen Deutschlands – Bayern ist hier wie so oft die Ausnahme – der Anlaut Ch- in der Regel als [ch] oder dialektal als [sch] gesprochen wird, ist es in Österreich ein [k], man sagt also „Chemie“ [kemie], „China“ [kina] und „Chirurg“ [kirurg]. Nur das Land „Chile“ spricht sich als [tschile], aber nicht als „Chile” oder „Schile”. Steht -ch- in der Wortmitte, wird es in seltenen Fällen jedoch als [-ch-] gesprochen, so beispielsweise in „Melancholie“ und „Orchester“.

Die Endung -ig wird in Österreich als [-ig] und nicht wie in Deutschland als [-ich] gesprochen, es bleibt also [fähig] oder [stetig] und wird nicht zu „fähich” und „stetich”. In einigen Fällen gibt es jedoch lautliche und damit auch schriftliche Abweichungen, wie bei brenzlich (neben *brenzlig*), grauslich (das auch das Synonym grausig kennt) und neidig (statt *neidisch*).

Die Endung -on, wie z. B. in „Ballon“, „Beton“, „Bonbon“ oder „Saison“, wird ebenfalls so gesprochen, wie sie geschrieben wird und nicht wie häufig in Deutschland als [-ong].

In vorrangig französischen Lehnwörtern spricht man -ll- als [j] und nicht als [lj]: „Billard“ [bijaar], „Bouillon“ [bujon], „Detail“ [detaj] oder „Kanaille“ [kanaje].

Während man -ui- in Deutschland getrennt als [-u'i-] spricht, überwiegt in Österreich der Diphtong [-uj-], also z. B. „Luise“ [lujse] statt [lu'ise].

Die Aussprache der Endung -ig *als* [-ich] *findet in Österreich fast nur in der Theatersprache statt, wo Mimen darauf gedrillt werden, z. B. den „König“ als* [könich] *zu sprechen. Doch in der Alltagssprache wirkt dies steif und gilt als übertrieben förmlich – Attribute, die man eben auch den Deutschen gerne nachsagt.*

Stimmhaft vs. stimmlos

Im Allgemeinen ist die Unterscheidung zwischen stimmhaften und stimmlosen Lauten in Österreich weniger ausgeprägt als in den meisten Regionen Deutschlands, weshalb das Österreichische generell weicher wirkt. Speziell die Verschlusslaute p, t und k unterscheiden sich nur wenig von b, d und g. Somit klingen Bär und Peer oder Gurt und Kurt nicht selten zum Verwechseln ähnlich.

Auch ist die Differenz zwischen stimmhaftem und stimmlosem „s" in Österreich weniger streng bis gar nicht vorhanden. Stimmhaft ist es v. a. vor Vokalen und sonoren Lauten (wie j, l, m, n, r oder w), z. B. in „Besen" oder „Saft", stimmlos hingegen vor anderen Konsonanten, wie in „Biskuit" oder „Post".

Oha? – Öha! Umlaut vs. Nicht-Umlaut

Häufig sind sich das bundesdeutsche und das österreichische Deutsch alles andere als einig, wenn es darum geht, wo ein Umlaut zu stehen hat und wo nicht; so sagt man in Österreich -färbig, -grädig und -zöllig, statt *-farbig*, *-gradig* und *-zollig*. Und wen das begriffsstützig (und nicht *begriffsstutzig*) macht, der sollte sich gut einprägen, dass zwar in der Alpenrepublik etwas zu nichts nutz (statt *zu nichts nütze*) ist, man aber doch das Verb (be)nützen dem *(be)nutzen* vorzieht. In der Umgangssprache werden

Foto: Daniel Krasa

Mahlzeit! Was wäre Österreich ohne sein grandioses Essen?

außerdem einige Verben, die im Bundesdeutschen einen Wandel zum Umlaut in der 2. und 3. Person Singular erfahren, in Österreich nicht ganz korrekt mit Nicht-Umlaut belassen. Dies ist z. B. der Fall bei lassen (du lasst, er/sie/es lasst), laufen (du laufst, er/sie/es lauft) oder saufen (du saufst, er/sie/es sauft).

Wer „nur" die richtige Aussprache meistert, ist noch lange kein Österreicher. Unterschiede zwischen Wien und Berlin und Alpengipfel und Marschland betreffen nämlich nicht nur die Phonetik und diverse Begriffe, sondern sind auch in Grammatik und Lexik zu finden – frei nach dem Motto: klein, aber fein.

Artikel: Das Mensch hat eine Schneid!

Wie überall in der Artikelwelt der deutschen Sprache lassen sich auch in der österreichischen Varietät – zum Leidwesen aller Lernenden – in den meisten Fällen keine konkreten Regeln erkennen, warum ein Hauptwort als männlich, weiblich oder sächlich definiert wird.

In Österreich fährt man übrigens zum IKEA *oder* zum Hofer *(so heißt hier der „Aldi") einkaufen.*

Grundsätzlich hört man in Österreich im Alltag häufiger den Artikel als in Deutschland, beginnend bei Eigennamen, die umgangssprachlich nie alleine dastehen. So treffen sich die Anna und der Ferdl mit der Elfi und dem Franz.

Noch komplizierter wird's, wenn ein besitzbestimmendes Wort dazukommt: *Marias Jacke* wird landläufig zu der Maria ihre Jacke, und wenn es um die gendergerechte Benennung von Fußballstadien geht, ließ der österreichische Cartoonist Gerhard Haderer zeichnerisch-ironisch den Vorschlag von dem Hans Krankl seiner Frau ihr Stadion machen.

Auch Nomen, die normalerweise ohne Artikel verwendet werden, bekommen in der Umgangssprache gern einen unbestimmten Begleiter verpasst: „Er kauft sich ein Obst und eine Milch, weil er ein Geld hat."

Weiters sticht die Präferenz des Artikels „das" gegenüber dem bundesdeutschen

Deutsch ins Auge. So hat man bei vielen Getränkenamen nicht „die Limonade“ im Hinterkopf, sondern „das Getränk“.

Österreich	Deutschland
das Cola,	die Cola,
das Fanta,	die Fanta,
das Sprite	die Sprite
das Nutella	die Nutella
das Joghurt (auch:) **die Joghurt**	der Joghurt
das SMS	die SMS
das E-Mail	die E-Mail
das Service	der Service
das Keks	der Keks
das Sandwich	der/das Sandwich
das Praliné / Pralinee	die Praline
das Brösel	der Brösel
das Karamell	der Karamell
das Comic	der Comic
das Viadukt	der Viadukt
das Puff	der Puff
das Schlamassel	der/das Schlamassel
das Vokabel	die Vokabel

In Unkenntnis der unterschiedlichen Artikelverwendung waren deutsche Konsumenten verwirrt, dass ein weltbekannter österreichischer Hersteller von Energy Drinks seine Cola-Hausmarke als „das Cola“ mit neutralem Artikel bewirbt.

Umgekehrt heißt in Österreich das Mischgetränk aus Bier und Limonade aber der Radler, während die Deutschen *das Radler* (oder gleich *das Alsterwasser*) sagen, und man sagt immer nur der Spagat (vs. *der* oder *das Spagat*). Gleiches gilt für der Polster, der Spray, der Blog und der Gummi. Der Radio bezeichnet landläufig den Radioapparat, während das Medium selbst neutral ist.

Im Fall von Prospekt (der oder das), Gehalt (der oder das), Monat (der oder das), Omelette (die oder das) und App (die oder das) ist man in Österreich flexibel, während bei Ausschank (die) und Schneid (die) *(der Mut)* klar die weibliche Form bevorzugt wird.

Manchmal lässt sich eine Tendenz zur Verkürzung gegenüber dem bundesdeutschen Deutsch erkennen, indem das Endungs -e entfällt. Bei Wörtern wie feig *(feige)*, klass *(klasse)*, gern *(gerne)*, lang *(lange)* oder den Hauptwörtern die Sulz *(Sülze)* oder die Tür *(Türe)* wirkt sich das nicht auf den Artikel aus. Anders bei:

Österreich	Deutschland
das Eck	die Ecke
der Zeck *(ugs.)*	die Zecke
der Schneck	die Schnecke
der Spitz	die Spitze
das Offert	die Offerte
der Petersil	die Petersilie

Im Fall der bundesdeutschen *Socke, Zacke* und *Schranke* und dem *Zeh* passiert jedoch Gegenteiliges. Man versieht erstere in Österreich mit einem -n und schon sind der Socken, der Schranken und der Zacken rein männliche Angelegenheiten geworden, während die Zehe immer eine Dame ist, selbst beim umgangssprachlich genannten Knofl (Knoblauch).

Ganz andere „Regeln" gelten übrigens im Dialekt, wo man des Öfteren ein „der" hört, wo eigentlich keines hingehört. Wundern Sie sich also nicht, falls auf Sie die Frage zukommt: Magst du an *(einen)* Schokolad, an Marmelad oder an Butter? Und wenn ein Vater am Land stolz meint, er habe zwei Burschen und ein fesches Mensch daheim, sein Kompagnon aber auf seine drei Menscher stolz ist, dann sprechen die beiden durchaus nicht abwertend über ihre Töchter.

Die so genannte „schwache Deklination" findet sich in der gesprochenen Sprache häufig. So schießt der österreichische Jäger einen Hirschen *und* sauft sich *danach* beim Wirten an.

Klein, aber fein: der Diminutiv

Die deutsche Sprache kann sich mit einer Vielzahl an Verkleinerungsformen im Vergleich zu anderen Sprachen nicht sonderlich brüsten. Der Merksatz „-chen und -lein macht klein" scheint schon alles aufzuzählen, was auf dem Diminutiv-Markt vorhanden ist. Doch da wurde die Rechnung ohne ein Suffix gemacht, das der österreichischen Sprache einen unverwechselbaren Stempel aufdrückt und alles gleich ein wenig lieber und herziger erscheinen lässt: das -erl.

Zum einen findet es klassisch Verwendung, falls man etwas verkleinern möchte. Der Umlaut entfällt in diesem Fall: Ein *Bänkchen* wird zum Bankerl, ein *Tischlein* zum Tischerl, ein *Gläschen* zum Glaserl oder *ein Döschen* zum Doserl.

Und es wird gern und oft verkleinert: Ins Einkaufswagerl kommen beispielsweise frische Mohnflesserl (kleines Zopfgebäck mit Mohn) und Salzstangerl (längliches Salzgebäck von der Brottheke), Büroklammerl (Büroklammern) und Nockerlgrieß (Grieß für Suppeneinlage in Nockenform). Neben solchen Ausdrücken hat sich die Endung -erl so stark manifestiert, dass sich völlig eigenständige Begriffe herausgebildet haben, wie z. B.:

Übrigens kann man wohl getrost behaupten, dass Österreicher viel schneller bei Kosenamen sind, als das unter Deutschen der Fall sein mag. Wundern Sie sich also nicht, wenn schon nach einem kurzen Plausch aus dem Heinz ein Heinzi *und aus der Barbara eine* Babsi *wird.*

das Zuckerl	das Bonbon
das Kracherl	die Limonade
das Schwammerl	der Pilz
das Peckerl	die Tätowierung
das Pickerl	der Sticker, Aufkleber
das Sackerl	die Tüte
das Häferl	die Tasse
das Wimmerl	der Pickel
das Scherzerl	der Brotanschnitt
das Schnackerl, der Schnackerl	der Schluckauf
das Flinserl	Metallplättchen als Ohrschmuck, Flitter
das Flankerl	die Fluse, die Flocke
das Betthupferl	kleine Nascherei vor dem Zubettgehen
das Zwutschgerl	kleines, niedliches Ding
das Sechsertragerl	der/das Sixpack
ein Alzerl	ein wenig, ein bisschen
zizerlweise	nach und nach

Koseformen von Vornamen werden gern – neben dem beliebten -erl – mit der Endung -i kreiert. Besonders in der älteren Generation gibt es dabei eigene Kurzformen: So wird Maria zur Mirl(i), Cäcilia zur Zenzi, Theresia zur Resi oder Elisabeth zur Sissi. Georg wird zum Schurl(i), Johannes zum Schani und Josef ist oft ein Pepi, Sepp oder Joschi, wobei letzterer auch ein Joachim sein kann. Manche Kosenamen erhalten statt -i ein -l, wie im Fall von Christl (Christine), Hiasl / Hias (Matthias), Kurtl (Kurt) oder Ferdl (Alfred / Ferdinand), dem namentlich im Lied „Der g'schupfte Ferdl" des Kabarettisten und Musikers Gerhard Bronner (1922-2007) ein Denkmal gesetzt wurde.

Foto: Lukas Mayrhofer

Alles fürs traute Heim in einem österreichischen Ausstattungsgeschäft

Hauptwortbildung und Fugen-s

Wer in der Vorweihnachtszeit wissen möchte, woher das gekaufte Ding mit den 24 Fensterln stammt, hinter denen sich oft Süßes verbirgt, dem genügt ein Blick auf die Verpackung: Handelt es sich um einen Adventkalender, darf man von einem Fabrikat mit österreichischer Schokolade, bei einem *Adventskalender* von einem deutschen Produkt ausgehen. Sollte dann etwas nicht passen, pocht man in Österreich statt auf *Schadensersatz* auf Schadenersatz.

Dies sind auch schon wieder die Ausnahmen, denn Bonuspunkte bekommt man als ausländischer Gast in Österreich eher, wenn man das Fugen-S einschiebt. Bestellen Sie also

Foto: Lukas Mayrhofer

Menü-Angebote für Fleischtiger mitsamt Beilagen und Fugen-S

Schweinsbraten und keinen *Schweinebraten* und handhaben Sie es ebenso bei: Aufnahmsprüfung *(Aufnahmeprüfung)*, Ausnahmsfall *(Ausnahmefall)*, Fabriksarbeiter *(Fabrikarbeiter)*, Gelenksentzündung *(Gelenkentzündung)*, Gesangsbuch *(Gesangbuch)*, Geschenksartikel *(Geschenkartikel)*, Gepäcksaufbewahrung *(Gepäckaufbewahrung)*, Zugsabteil *(Zugabteil)* oder dem Zugsführer *(Zugführer)*.

Bei anderen zusammengesetzten Hauptwörtern ist man wiederum sparsamer: Man geht in die Sprachschule *(Sprachenschule) oder hat in der* Tragtasche *(Tragetasche) ein paar* Toiletteartikel *(Toilettenartikel).*

Bei Vertretern diverser Institutionen oder Gruppierungen, deren Namen auf „-schaft" enden, kommt häufig ein -l dazu, so dass man beispielsweise von dem/der Gewerkschaftler/in *(Gewerkschafter/in)* spricht. Ein/e *Botschafter/in* bleibt aber ein/e Botschafter/in. Es kommt aber auch der umgekehrte Fall vor: der deutsche *Wissenschaftler* ist in Österreich zuweilen auch ein Wissenschafter.

Neben dem -erl am Ende hat man in Österreich in der Umgangssprache auch eine Vorliebe für neutrale Nomen mit der verkürzten Vorsilbe G(e)-: Gschlader *(Plörre)*, Glumpert *(Plunder)*, Gsindel *(Gesocks)*, Gfrast *(Miststück, Nichtsnutz)*, Gfrett *(Ärger, Mühe)*, Graffel *(Gerümpel)*, Gschisti-Gschasti *(Getue)*, Gfrieß *(abwertend für: Gesicht)*, Gröstl *(Pfannenmischgericht mit Kartoffeln)*, Gwirks *(verfahrene Situation)* oder der Gscherte *(Tölpel)*. Einige davon sind aus anderen Sprachen abgeleitet, wie z. B. das Gstanzl, ein volkstümliches Spottlied, das vom italienischen „stanza" (Zimmer) stammt, oder das Gspusi *(Techtelmechtel)*, das mit dem italienischen Bräutigam („sposo") und dem daraus abgeleiteten „Gespons" zu tun hat.

Der Ausdruck der G(e)scherte / g(e)schert *kommt von „geschoren" und bezeichnete im Mittelalter allgemein die Landbevölkerung, da sowohl Bauern als auch Knechte wegen ihrer Standeszugehörigkeit und diesbezüglichen Kleiderordnung keine langen Haare tragen durften.*

Mehrzahl: Von den Brillen und der Jean

Die *Brille* wird gern von vornherein in der Mehrzahl verwendet, man sucht also die Brillen oder gleich die Augengläser. Dafür schlüpft man lieber nur in die Jean und verzichtet gern auf den Plural und seine Endung.

Liebe Leserinnen, liebe Leser! Im vorliegenden Band haben sich die Autoren bemüht, nicht durchgehend die männliche Pluralform zu verwenden, gleichzeitig aber vom viel diskutierten Binnen-I abgesehen.

In manchen Fällen sind Mehrzahlformen sofort klar als solche erkennbar, weil der Pluralbildung mit Umlaut jener ohne Umlaut der Vorzug gegeben wird – und in Österreich gilt dies auch bei Begriffen, bei denen man es im Bundesdeutschen vermeidet: Krägen stehen Admirälen gut und Generälen in Wägen drehen sich die Mägen um. Genauso funktioniert es sprachlich bei Erlässen oder Kästen bzw. Bögen, Böden und Pölstern.

Der Umlaut spielte schon bei der Etymologie des Namens „Österreich" eine Rolle: In einer Schenkungsurkunde aus dem Jahr 996, die Landgüter im heutigen Niederösterreich betreffen, taucht der Begriff „ostarrîchi" auf, womit die damals übliche Bezeichnung („in regione vulgari vocabulo Ostarrichi") für eine Region an der Ostgrenze des damaligen fränkischen Reiches gemeint war. Im Lauf der Geschichte wandelte sich das Wort, so dass sich Österreich nun rühmen darf, weltweit das einzige Land zu sein, das mit dem Buchstaben Ö beginnt. Schön, öder?

Trotz Nuller einen klassen Einserschmäh

War Martin Luther Österreicher? Denn geht man nach seiner Bibelübersetzung letzter Hand, so ruhte Gott am siebenten Tag und bis heute tut und spricht man ihm in Österreich genauso nach, während in Deutschland (nicht nur in Bibelausgaben) *der/die/das Siebte* bevorzugt wird.

Ordinalzahlen, die als eigenständige Hauptwörter verwendet werden, sind männlich. Wer sich in Deutschland über 6 Richtige im Lotto freut, jubelt in Österreich über einen Sechser. Ein Einser auf die Schularbeit wird genauso gelobt wie *eine Eins bei der Klassenarbeit* und ein Achter im Radl ist genauso ärgerlich wie *eine Acht im Fahrrad*. Ein Versager ist aber auch in Österreich eine Null, während man beispielsweise beim Roulette auf den Nuller setzen würde.

Geldscheine werden grundsätzlich mit einem einzigen Wort ausgedrückt: statt des *Zehn-Euro-Scheins im Geldbeutel* hat man einen Zehner in der Geldtasche (bzw. in der Folge einen Zwanziger, einen Fünfziger, einen Hunderter usw.). Münzen wiederum werden sprachlich klein gemacht und ein *10-Cent-Stück* mutiert zum Zehnerl (s. Abschnitt „Diminutiv").

Dafür schaltet ein österreichischer Autofahrer in die Zweite, die Dritte etc. und nicht *in den zweiten* oder *dritten Gang*.

Ohne wirkliches bundesdeutsches Pendant ist der Einserschmäh: Wer in Wien auf ihn reinfällt, ist jemandem wegen eines guten Tricks in die Falle gegangen.

Auch in Wien oder Graz wohnt man im Dritten, Vierten, Fünften usw. Dabei sind aber nicht Straßenzüge nach amerikanischem Vorbild gemeint, sondern die als Bezirke bezeichneten Stadtviertel, von denen es in Graz 17 und in Wien 23 an der Zahl gibt. Da hört man schon mal: Da gibt's ein sensationelles neues Beisl im Achten!

Präpositionen: Nicht drauf vergessen!

Bei Richtungsangaben betont man umgangssprachlich gern das Ziel der Bewegung. Statt *in die Stadt* fährt man in die Stadt rein, geht aus dem Haus (he)raus, über die Straße rüber und legt sich am Abend in die Badewanne hinein. Mit den üblichen und durchaus praktischen dialektalen Richtungsangaben umi / uma (*hinüber / herüber*), aufi / aufa *(hinauf / herauf)*, obi / oba *(hinunter / herunter)* und den schwer zu erklärenden und übersetzenden Formen dauni / dauna *(von etwas weg)* und zuwi / zuwa *(zu etwas hin/her)* wollen wir Sie verschonen. Seien Sie aber darauf gefasst, bei Wegbeschreibungen abseits urbaner Gebiete schon mal wie folgt zur Wunschdestination gelotst zu werden: Gehen'S zuerst obi, dann umi, ein paar Meter vieri und hinterm Wald aufi! Danach ist die räumliche Suche sicher zeitlich umi (vorüber, zu Ende).

Foto:Lukas Mayrhofer

Umi, aufi oder obi?
Es ist ein Kreuz!

Im Westen der Republik finden sich vielerorts die durchaus exotisch klingenden Richtungsangaben auchi / aucha (hinauf) und euchi / oichi / ouche (hinunter), die man keinesfalls mit „auch" oder „euch" verwechseln sollte.

Manche Präpositionen werden in Österreich anders verwendet als in Deutschland:

ein Leiberl um 10 Euro
ein Leibchen *für* 10 Euro
jemanden um Brot schicken
jemanden Brot *holen* schicken
in die Schule gehen
zur Schule gehen
in die Arbeit fahren
zur Arbeit fahren
am Tisch sitzen
bei oder *auf dem* Tisch sitzen

Nicht drauf vergessen! Richtungsangaben

Übrigens: In der Bedeutung „hinauf, herauf“ wird niemals „hoch“ verwendet. Also wichtig im Alpenland: Hier klettert man auf den Berg aufi *oder* rauf, *aber niemals „den Berg hoch!“ Und sollte man sich je verlaufen, so irrt man nicht „umher“, sondern* herum.

auf Urlaub sein / fahren	*in* Urlaub sein / fahren
auf Pause sein *(ostösterr.)*	*in* Pause sein
auf die Welt kommen / bringen	*zur* Welt kommen / bringen
etwas auf die Seite legen	etwas *zur* Seite / *beiseite* legen
auf etwas vergessen	etwas vergessen
Das hängt mir beim Hals heraus.	Das hängt mir *zum* Hals heraus.
bei der Bar sitzen	*an* der Bar sitzen
bei der Kassa zahlen	*an* der Kasse zahlen
beim Fenster rausschauen	*zum* Fenster hinausschauen

Ohne Präposition verwendet man meist das Verb „impfen“ (statt: *gegen etwas impfen*), z. B. Geh (dich) Zecken impfen! Und nicht ganz unwichtig ist, dass man in Österreich – neben der Variante mit „am“ – auch sagt: Leck mich im Arsch! (dialektal: Leck mi in Oarsch!), wie nicht nur primitive Typen sag(t)en, sondern auch Mozart persönlich, als er einen Kanon mit dem Götz-Zitat betitelte.

Verben: Tu nicht so viel konjugieren!

Die schulsprachlichen „Tunwörter" passen namentlich nicht nur in manche Teile Süddeutschlands, sondern vor allem sehr gut nach Österreich, denn es wird lieber getan als gemacht und das oft mit einer Spur zu viel des Guten. So kombiniert man landläufig gern jedes Verb mit „tun", sofern man damit ausdrücken will, gerade mit einer Sache beschäftigt zu sein. Ist man gerade dabei, sich auszuruhen, so tut man sich ein bisserl ausrasten. Im – alles andere als korrekten – Extremfall kann ein kurzer Befehl zu einem längeren Imperativ werden, und somit ein *Steh nicht rum!* zum Tu da nicht herumstehen!

Wenn Ihnen in Österreich jemand sagt: Tu dir nichts an!, *so will er dadurch nicht etwa Ihren Selbstmord verhindern, sondern meint damit, dass Sie sich keine Umstände oder übertriebenen Sorgen machen sollen.*

Ob die Vorliebe, manche Verben lieber reflexiv zu benutzen, auf eine egoistische Geisteshaltung hindeutet, bleibt Gegenstand der Soziolinguistik. Jedenfalls *erwartet* man in Österreich nicht einfach etwas, sondern man erwartet sich etwas, denn eine Sache muss nicht nur *lohnen* und *dafürstehen,* sondern sich lohnen und sich dafürstehen, damit es sich voll und ganz auszahlt.

Und gut ist's, wenn es mich nicht im Knie zwickt, dann kann ich mich wieder niederknien.

Speziell in einigen Gegenden Wiens gibt es umgangssprachlich auch den doppelten Reflexiv. So sagt ein Polizist in Simmering und Favoriten, wenn er nach den Papieren verlangt, nicht selten: Weisen Sie sich Ihnen aus!

Dafür unterschlägt man beim Sprechen gern das -e in der 1. Person Singular bei Verben auf -eln. *Ich pend(e)le* wird zu ich pendel, *ich zweif(e)le* zu ich zweifel, und so mancher Hausmann / manche Hausfrau gibt vielleicht zu: Ich wechsel gern den Fernsehsender, wenn ich bügel.

Sehr sozial – aber ohne politischen Background – klingen Verben mit „zusammen-": Sie ersetzen das bundesdeutsche „auf-", und somit heißt es in Österreich zusammenräumen *(aufräumen)*, zusammenessen *(aufessen)* oder zusammenkehren *(auffegen)*. Darüber hinaus kann man sich zusammenrufen (einander anrufen), um dann am Wochenende im Geschäft viel zusammenzukaufen, was vielleicht zur Folge hat, dass man von der besseren Hälfte zusammengeschimpft (*ausgeschimpft*) wird.

Und weil Knappheit und Direktheit nicht gerade Markenzeichen Österreichs sind, verpasst man manchen Verben ein zusätzliches -ieren, um sie zu zieren. So heißt's campieren *(campen)*, röntgenisieren (*röntgen*) und strichlieren (*stricheln*). Gleichzeitig lässt sich das Vortäuschen von Arbeitsunfähigkeit mit dem schlichten Wort tachinieren ausdrücken. Und wenn mal wo *tote Hose* ist, fadisiert man sich. Das schweizerische Wort „parkieren" bleibt jedoch Unikum, denn auch in Österreich wird schlichtweg geparkt.

Zeiten: Er sitzt, weil er gestanden hat

Beim mündlichen Erzählen wird durchgehend die Vergangenheit (*das Perfekt*) und so gut wie nie die Mitvergangenheit, wie man in Österreich das Imperfekt bzw. Präteritum nennt, verwendet. So *war* man nicht im Kino, sondern ist eher im Kino gewesen.

Bei Verben wie stehen, sitzen, liegen, hängen, stecken, schweben, knien, kauern oder auch schwimmen wird das Perfekt mit „sein" gebildet. Somit ist in der Zeitung gestanden, dass viele Zuschauer im Stadion gesessen sind, während draußen auf der Straße alle im Stau gesteckt sind, weil ein umgekippter LKW auf der Straße gelegen ist.

Aber bitte jetzt nicht weinen, selbst wenn Sie nah am Wasser gebaut sind bzw. *haben*!

Verwechslungsgefahr ist nicht gegeben, wenn's in Österreich darum geht, jemandem eine Gefängnisstrafe anzuhängen. „Er sitzt, weil er zuvor gestanden hat*" kommt klar vom Wort „gestehen", während jemand, der sitzt, weil er zuvor* gestanden ist, *nur einen Stuhl zur Hand nimmt, weil er müde vom langen Stehen ist.*

Foto: Lukas Mayrhofer

Kaffeehausbericht: Das Kipferl ist nicht lang am Teller gelegen, als ich im Café gesessen bin.

Wer schnell war, ist in Österreich rechtzeitig abgehaut (*abgehauen*), denn vielleicht ist daheim am Hof der Haussegen schief gehängt, während er anderswo *gehangen hat*.

Umgangssprachlich hört man auch abweichende, nicht ganz korrekte Formen, wie z. B. gewunschen (*gewünscht*), geschalten (*geschaltet*) oder angezunden (*angezündet*).

Wer von seinen Abenteuern erzählt, beginnt einen Satz gern mit „wie" statt mit „als":

Wie ich neulich aus der Stadt gefahren bin, ist ein Polizeiauto bei der Ortsausfahrt gestanden.
Als ich kürzlich aus der Stadt fuhr, hat eine Streife bei der Ortsausfahrt gestanden.

Umgekehrt hat man's in der Gegenwart in Österreich nicht immer mit dem „sein": „Haben" wird gern dort verwendet, wo man in Deutschland „sein" sagt. Zum Beispiel:

Da hat's heute aber eine Hitze!
Ich glaube es hat über 30 Grad.
(statt: es *ist* über 30 Grad).

Und sollten Sie all die Abweichungen und Besonderheiten beim Perfekt schon im Vorfeld befürchtet haben, dann sagen Sie ganz prophetisch-österreichisch: Ich hab's kommen gesehen!

Eigenschaftswörter: Wie es halt so ist

Dass das -ig am Ende eines Eigenschaftsworts in der Umgangssprache auch mal zu einem -ert werden kann, zeigen Wörter wie schlampert *(schlampig)*, oder eckert *(eckig)*: Das Österreichische kennt darüber hinaus ganz eigenständige Adjektive, die sich nur mit einem anderen Wort oder blumiger Beschreibung übersetzen lassen, wie z. B. patschert *(unbeholfen)* oder letschert *(von nicht mehr knuspriger bzw. wenig knackiger und schlapper Beschaffenheit)*, alles andere wäre ein hatscherter (hinkender) Vergleich.

deppert	bescheuert
glatzert	kahlköpfig, auch: abgefahren (techn.)
goschert	frech, pampig
luckert	löchrig
nackert	nackig
raunzert	mürrisch, schlecht gelaunt
rotschädlert	rothaarig
tra(u)mhappert	vom Schlaf benommen
wampert	dickbauchig
zottert	zottig

Füllwörter: Sag's mit Nachdruck!

Eine *tierisch gute Fete* oder ein *irre leckerer Lolli* wird zwar in Österreich auch verstanden und geschätzt, doch die Begeisterung wird anders ausgedrückt. Das „sehr" wird gern zu „recht": ein recht gescheiter Bub. In der Umgangssprache beliebt sind auch „voll" oder „total":

In Westösterreich findet sich häufig brutal *(im Sinne von: „toll", „cool"), das durchaus auch im positiven Kontext zu hören ist:* Der Liebesfilm war brutal schön! *Steigerungsformen wie etwa* grenzbrutal *oder* vollbrutal *sind ebenfalls üblich. Und möchte man die Aussage seines Gegenübers bestätigen, sagt man oft* Na Volle! *(Absolut!, Durchaus!).*

Das geht mich voll an.
Das geht mir irre auf die Nerven.

In Wien macht praktischerweise das kurze ur- gleich alles intensiver: ein urlustiger Typ. Die Kombination mit „arg" verstärkt den negativen Kontext, wenn beispielsweise etwas arg viel gekostet hat.

Mehr als widersprüchlich klingen Kombinationen wie Er ist gescheit dumm *(Er ist irre doof)* oder Da ist's aber sauber dreckig *(Hier ist's aber ganz schön schmutzig)*. Verstärkungen mit „schön", „sauber" oder „gescheit" sind landschaftlich durchaus üblich, und wenn jemand wie nicht gescheit rennt, so tut er das äußerst schnell.

Im direkten Vergleich wird statt *wesentlich/viel* das weit bevorzugt; somit klingt für viele das Österreichische weit herziger *(wesentlich süßer)* als das Bundesdeutsche.

Viele Eigenschaftswörter tragen die Verstärkung schon in sich, wie z. B.:

bummvoll	sehr voll
bummfest	sehr fest
watscheneinfach	sehr einfach
picksüß	sehr süß
überdrüber	hervorragend
volle Wäsch(e)	volle Kanne
mit Butz und Stingel	total, völlig
ums Kennen	geringfügig, gerade noch

Will man Zustimmung zu seinen eigenen Äußerungen, gibt es die unterschiedlichsten Partikel zum Anhängen, die sich regional unterscheiden, doch sehr häufig sind gell, gelt, goi oder gö. Gewöhnungsbedürftig ist besonders in Westösterreich die Tatsache, dass ein normaler Aussagesatz nachher (ugs. nocha) bzw. oder beinhalten kann, diese aber nicht zwangsläufig wortwörtlich zu verstehen sind, oder!

Wenn wir schon beim Fragen sind: „Ist das etwa schwierig?" wird umgangssprachlich gern zum Ist das leicht schwer?, *wobei das „leicht" nicht von „einfach", sondern „vielleicht" stammt. Doch Vorsicht, denn in einigen Dialekten Kärntens und Tirols heißt* lei *„nur". Alles klar?*

16er Blech: Ottakring ist der 16. Bezirk Wiens und das „Blech" die Hülsn *(Dose)*.

Foto: Daniel Krasa

Homonyme: Gleich und doch ganz anders

Um sicher zu gehen, dass Sie für das nun folgende Kapitel gerüstet sind, stellen wir Ihnen die klassische Kasperl-Frage, die jedes österreichische Kind der Generation 30+ einmal wöchentlich im Fernsehen gehört hat: Seid ihr alle daaaaa?

Der Kasperl wollte damit die Kinder nicht weg von ihm in einer Ecke sitzend wissen, sondern er vergewisserte sich, dass wirklich alle *hier*, direkt vor seiner Kasperlbühne waren.

Also: da ist *hier*, und wenn Sie das überrascht, können Sie das Phänomen gleich mit einem Da schau her! kommentieren.

Homonyme, also gleich klingende Wörter, zeigen die kleinen, feinen Unterschiede: Wenn Deutsche *zum Supermarkt laufen*, tun sie das in normaler Gangart. Wer in Österreich in den Supermarkt läuft, hat Feuer unterm Hintern und rennt tatsächlich. Auch in idiomatischen Ausdrücken wird manchmal gerannt, z. B. rennt einem die Ganslhaut, während woanders jemand schlicht Gänsehaut bekommt. Viele Wörter bergen Sprengstoff für kleine Missverständnisse.

Gehen wir heute fort? *ist keine Aufforderung zum Abhauen, sondern der Vorschlag, zum Vergnügen „auszugehen“. Das* Ausgehen *hingegen übernehmen in Österreich die Vorräte, wenn sie zu Ende sind. Die Obstschüssel hat also keine Beine bekommen, wenn man hört:* Die Äpfel sind ausgegangen.

Die folgenden Begriffe werden in ihrer primären Bedeutung auch in Österreich verwendet und verstanden (z. B. „Fahrer“ für „Chauffeur“, „anstellen“ für „in der Schlange stehen“ oder „folgen“ für „hinterhergehen“).

Homonyme: Gleich und doch ganz anders

Begriff	in Ö. auch:	Beispiel
abdrehen	ausschalten, ausmachen	Dreh den Fernseher ab!
abgehen	fehlen	Du gehst mir ab. *(= ich vermisse dich)*
anbringen	etwas loswerden	Am Flohmarkt habe ich mein altes Zeug angebracht.
angreifen	berühren, sich anfühlen	Greif mich nicht an!
(an)kennen	etwas bemerken, anmerken	Man kennt ihm nichts an.
(sich) (an-)patzen	klecksen	Ich habe mich mit Rotwein angepatzt.
der Patzer	der Fleck	Am Tischtuch sind lauter Patzer.
anrichten	Speisen drapieren	Ich richte die Nachspeise in Schüsserln an.
anschaffen	etwas befehlen	Von dir lass ich mir nichts anschaffen!
anstehen	nicht mehr weiterwissen; auch: bevorstehen	Seine Beförderung zum Sektionschef steht demnächst an.
anstellen	etw. Schlimmes anrichten	Was hast du schon wieder angestellt?
aufdrehen	einschalten, anmachen	Dreh das Licht auf!
aufheben	etwas übrig lassen	Heb mir was von der Nachspeise auf!
ausrichten	schlecht über jmd. sprechen;	Die Nachbarin richtet alle Leute aus.
	Grüße bestellen;	Richte ihr schöne Grüße aus!
	sein Pensum schaffen	Heute habe ich wenig ausgerichtet.

Homonyme: Gleich und doch ganz anders

Begriff	in Ö. auch:	Beispiel
die Beilage	Anlage beim Brief, auch: Zuspeise	
der Fahrer	Kratzer, Kratzspur	ein Fahrer im Parkett
der Fleck	schlechte Schulnote	Ich habe einen Fleck in Mathematik.
	flacher Hefekuchen mit Obst	Meine Oma macht den besten Zwetschkenfleck.
	oder: Kaldaune	In dem Lokal gibt's eine gute Kuttelflecksuppe.
folgen	gehorchen	Das Hundsviech folgt mir schon wieder nicht.
führen	transportieren, hinbringen	Ich führe dich ins Spital.
herrichten	reparieren,	Kannst du bitte das kaputte Holztischerl herrichten?
	auch: vorbereiten, sich schön machen	Für den Ball muss ich mich gescheit herrichten.
parieren	folgen, gehorchen	Der Hund will nicht parieren.
patzig	klebrig	Der Guglhupf ist leider patzig geworden.
die Rodel	Sackkarre	Die schweren Kartons führe ich mit der Rodel.
der Spagat	auch: Schnur, Bindfaden	Bind's mit einem Spagat zusammen!
die Schale	‚Haut' von Obst oder Gemüse, nie: Schüssel!	
Trümmer	große Stücke; von: das Trumm	Die Erdäpfel im Garten sind heuer richtige Trümmer geworden.
sich tummeln	sich beeilen	Tummelt euch, es ist schon spät!
Gebäck	Vielzahl an Brotsorten (Semmeln, Brezeln ... im Gegensatz zum süßen Kleingebäck in Deutschland)	

Begriff	in Ö. auch:
Hörnchen	kleine hörnchenförmige Nudeln, in Westösterreich auch: Kipferl (gebogenes Gebäckstück)
der Markt	die Marktgemeinde
neuerdings	schon wieder, zum wiederholten Mal

Foto: Lukas Mayrhofer

Dahoam is dahoam! Ländliche Idylle im Innviertel (Oberösterreich)

Homonyme: Gleich und doch ganz anders

Eine gewichtige Ausnahme! Gleich und doch ganz anders wird das Wort „Zentner" gehandhabt: Was in Deutschland für 100 Pfund steht, bezeichnet in Österreich 100 Kilogramm.

Ein Satz mit „nachdem" hat in Österreich umgangssprachlich nicht nur die Zeitenfolge, sondern gerne auch den Grund zum Inhalt:

**Nachdem er brav ist,
wird es keine Probleme geben.**
Weil er brav ist, wird es keine Probleme geben.

Wie Sie sehen, sind viele Begriffe flexibler in der Anwendung als beim bundesdeutschen Deutsch. Wenn Sie jetzt sagen: „Mir graust!", so können Sie Schauer und Schrecken empfinden, in Österreich aber noch mehr:

**Mir graust, weil er beim Essen
so viel trenzt und dann alles pickt!**
Mich ekelt es, weil er beim Essen
so sabbert und dann alles klebt!

Foto: Lukas Mayrhofer

So viel Privileg muss sein: Parkplatz für Beamte der Bezirkshauptmannschaft (BH)

Und keine Angst, wenn Ihnen in Österreich die Exekution angedroht wird! Sie verlieren nicht den Kopf, sondern höchstens ein paar Möbelstücke und Wertgegenstände, denn der Exekutor tut als *Gerichtsvollzieher* nur seinen Job und führt eine *Pfändung* durch! Nähere Infos gibt's bei Magistrat oder BH, womit in diesem Fall nicht der *Büstenhalter*, sondern die Bezirkshauptmannschaft gemeint ist – sofern es dort keine Urlaubssperre gibt. Denn darunter versteht man nicht nur das Verbot, sich frei zu nehmen, sondern auch die Schließung eines Geschäfts wegen kollektiven Urlaubs.

Die hörbare Mentalität: Das ist halt so ...

Tempomäßig geht man es in Österreich etwas gemächlicher an. Bevor etwas geschieht, erfolgt die Sondierung der Lage – im Sinn von: es wird viel, gern und lang geschaut, aber nie *geguckt* bzw. *gekuckt*. Dementsprechend präsent ist das Wort in vielen Ausdrücken. Geradezu philosophisch ist die Lebensweisheit:

Schau ma mal, dann seh' ma's schon.
Schauen wir mal, dann sehen wir's schon.

Die hörbare Mentalität: Das ist halt so …

Ist man von der Dringlichkeit des Handelns überzeugt, schreitet man gleichwohl nicht unbedingt sofort zur Tat, sondern hofft erst einmal, dass vielleicht jemand anders die Erledigung übernimmt, und sagt Da muss etwas geschehen.

Schauen wir mal.
Sehen/Gucken wir mal.
Wie schaut's aus?
Wie sieht's aus?
Schau doch mal vorbei!
Komm doch mal vorbei!
Da schaut's aber aus!
Hier ist es aber unordentlich!
Das nehme ich ungeschaut.
Das nehme ich ungeprüft.
Na, da schau her! / Schau di (= dich) an!
Na, sieh mal einer an!
Schau auf dich!
Pass auf dich auf!
sich in jemanden verschauen
sich in jemanden vergucken/verkucken

Drängen lässt sich der Homo Austriacus nicht gerne. So werden Arbeitsgänge oft mit einem Nur nicht hudeln *(Nur nichts überstürzen!)* kommentiert. Schließlich weiß man: Das werden wir schon schupfen! *(Das werden wir schon schaukeln)*, denn in Österreich lässt sich vieles deichseln *(bewerkstelligen)*, selbst wenn man bei Behördengängen vorerst mal ein Da kann man nichts machen zu hören bekommt. In dem Fall sollte man sich mit einem Tu dir nichts an! *(Nimm's nicht so schwer!)* und Jeder hat sein Binkerl zum Tragen *(= Jeder muss sein Bündel mit sich herumschleppen)* trösten lassen und nicht gleich resignieren. Denn ein Weg oder Kompromiss lassen sich eh *(ohnehin)* immer finden, schließ-

Foto: Lukas Mayrhofer

Lust auf regionale Spezialitäten? - Ein Schmankerl kann Ihren Hunger stillen.

lich kann man über alles reden. Und irgendwann erklingen die Worte Das passt schon und auf wundersame Weise ist ein Problem gelöst und für Hilfe wird gar keine Gegenleistung verlangt.

Achtung aber, wenn Sie zum Handkuss kommen: In diesem Fall werden Sie redensartlich nicht freundlich begrüßt, sondern zu einem unschuldigen Opfer in einer misslichen Lage. Zeitbegriff und Arbeitsmoral differieren also im Vergleich mit den deutschsprachigen Nachbarn - zumindest sprachlich: Aber so lauft's halt *(so läuft's eben)* in Österreich!

Foto: Lukas Mayrofer

Zum Volksfest gehört die Volksmusik

Servus, Pfiat Gott, auf Wiederschauen!

Wer auf Österreicher in freier Wildbahn trifft, sollte unbedingt die richtige Floskel parat haben, denn speziell die Begrüßung fällt in „Good Old Austria" weit raffinierter aus, als dass da ein profanes *Tach!* die Gemüter erfreuen könnte. Neben den allseits bekannten formelleren Varianten *Guten Morgen!*, *Guten Tag!* und *Guten Abend!* gibt's eher das auch in Bayern bekannte und zu jeder Tages- und Nachtzeit zu verwendende Grüß Gott! Im urbanen Raum wird der Gruß teilweise noch in den politischen Kontext gestellt: So wurde „Grüß Gott!" traditionell von Angehörigen des katholisch-konservativen Lagers verwendet, während Verfechter des linksliberalen Spektrums „Guten Tag!" bevorzugten.

Vor allem in Wien ist das neutralere Grüß Sie! gängig, aber auch das veraltete, wenn auch beliebte Habe die Ehre! bzw. an eine Frau gerichtet auch Meine Verehrung, Gnädigste! Unter Freunden und Bekannten überwiegt Servus! (umgangssprachlich: Servas!), auf dem Land häufig Grüß dich!/ Grüß euch! bzw. das dialektale Griaß di! / Griaß eich/enk!

Mittlerweile ist auch Hallo! gebräuchlich, wird aber immer auf der ersten Silbe betont, also <u>ha</u>llo. Wirklich österreichisch ist freilich *(selbstverständlich)*, das (fast) nur noch von älteren Herren benutzte Küss die Hand!, das –

wenn richtig artikuliert – auch außerhalb von rot-weiß-roten Gefilden so manches Damenherz höher schlagen lässt. Doch Vorsicht, denn man verwendet es fast immer in Verbindung mit einer leichten Verbeugung und einem angedeuteten Kuss, wobei die Lippen nicht wirklich die Hand der zu begrüßenden Dame berühren. Nicht-Österreichern mag diese Begrüßung verstaubt und irgendwie künstlich vorkommen, doch in der Ballsaison in Wien kann es durchaus passieren, dass man Zeuge eines echten Handkusses wird. Nur die Augen offen halten!

Ganz frei nach Don Camillo und Peppone war – und ist in gewissem Maße auch heute noch – in großen Teilen der österreichischen Gesellschaft eine Spaltung zwischen den Wählern der konservativen ÖVP und jener der sozialdemokratischen SPÖ wahrzunehmen. Man fühlt sich eben der einen oder anderen Partei verbunden und dies macht sich manchmal auch dadurch kenntlich, wie man traditionell zur Kirche steht, Trachten trägt und mit Grüß Gott! *grüßt oder eben nicht.*

Auch so antiquiert klingende Ausdrücke wie Gestatten Sie! statt „Entschuldigung!" oder Darf ich höflich fragen ... ! sind in Österreich durchaus noch üblich. Und möchte man seinem Gegenüber etwas Unpassendes oder Kritisches mitteilen, kann man es einleiten mit Sind S' mir nicht bös' ... !

Auf die Begrüßung folgt die Frage nach dem Befinden, wobei natürlich auch ein *Wie geht's dir/Ihnen?* keineswegs fremd klingt. Möchte man ein bisserl österreichischer klingen, sollte man es mit Und passt eh alles? oder Und wie haben wir's? (ugs.: Und wie hamma's?) oder Und wie schauen wir aus? (ugs.: Und wie schau' ma aus?) probieren.

Zur Verabschiedung findet sich neben *Auf Wiedersehen!* auch Auf Wiederschauen! sowie unter Freunden Servus!, speziell in Wien Baba! (immer endbetont) und anderswo Pfiat di

(Gott)! bzw. Pfiat euch (Gott)! (von: Behüte dich/euch Gott!) – jedoch niemals „Pfiat Sie!". Und wie steht's mit *Tschüs(s)?* Nun ja, noch vor wenigen Jahren galt es als typisch norddeutsch und war damit kategorisch aus dem Sprachschatz gestrichen, doch heutzutage hört man es beinahe ständig, oftmals auch in der pseudopatriotischen Abwandlung Tschüssi! oder gar Tschüs Baba! Gänzlich in die Alltagssprache Einzug gehalten hat es außerdem in der Form des sich vertschüssen als umgangssprachliche Variante für „verduften, sich verabschieden".

Bist du narrisch! Schon halb zwölf ...
Du meine Güte! Es ist schon 23.30 Uhr ...

Ich werd' mich vertschüssen.
Ich muss dann mal los.

Also dann, ich bin dahin!
Ich bin dann mal weg!

Baba und schaut's auf euch!
Tschüs und macht's gut!

Übrigens schickt man in Österreich in Briefen, Mails oder SMS keine *Küsschen,* sondern meist Bussi, Bussl oder Busserl und man wünscht nicht selten auch nur oberflächlich Bekannten Alles Liebe!, während man in Deutschland wohl eher *Alles Gute!* vorziehen würde.

Zwei Buchstaben, denen man in Österreich nicht entkommt und die eine ganze Reihe von Bedeutungen haben: Das ma *fungiert im Dialekt als Aufforderung und steht für „wir", wie z. B. bei* Gemma! *(Gehen wir!),* Fahr ma! *(Fahren wir!) oder* Bleib ma no a wengerl sitzen *(Bleiben wir noch ein bisschen sitzen). Es wird überdies gern als Ausruf des Erstaunens gebraucht:* Ma, ist das klass! *(Mensch, ist das klasse!), kann aber auch „mir" bedeuten:* Ich hab ma's eh 'dacht *(Ich hab's mir sowieso gedacht).*

Die Zeit: Geht sich das noch aus?

In der Tourismusbranche nennt man die Flaute nach Weihnachten und vor den heimischen Energie- bzw. Semesterferien *(Ferienwoche im Februar) allgemein* Jännerloch.

Wo können sprachliche Missverständnisse mehr Konfusion auslösen als in einem Gespräch um die Zeit? So sagen Österreicher umgangssprachlich für „abends" häufig auf d'Nacht und wenn sich etwas nicht mehr ausgeht, dann *klappt es zeitlich nicht mehr*. Es wurde bereits in der Einleitung auf den Jänner *(Januar)* eingegangen, der wohl bis ins 19. Jahrhundert im gesamten deutschen Sprachgebiet üblich war, sich aber nur noch in Österreich gehalten hat. Daneben findet sich – wenn auch nicht mehr häufig – der Feber für das allgemein gültige „Februar". Dafür sagt man nie das in Deutschland noch gebräuchliche „Julei". Andere Ausdrücke, von denen einige auch regional in Deutschland verwendet werden:

ab und zu	ab und an
bisher	bislang
heuer	dieses Jahr
hie und da	ab und an, stellenweise
hintennach	danach
im Vorhinein	im Voraus
in der Früh	am Morgen, morgens
nacht *(westösterr.)*	gestern
neulich	kürzlich
seinerzeit	damals, zu gegebener Zeit
untertags	tagsüber
unter der Woche	in der Woche
wochentags	werktags
zeitgerecht	rechtzeitig

Foto: Daniel Krasa

Speziell in Wien kommt man sich häufig wie auf einer Zeitreise vor.

Wirklich schwierig zu verstehen sind für so manche Auswärtigen die Zeitangaben mit Viertel, denn drei viertel sechs heißt *Viertel vor sechs* (5.45 Uhr bzw. 17.45 Uhr) und viertel vier bedeutet im Osten Österreichs *Viertel nach drei* (3.15 Uhr bzw. 15.15 Uhr). Erzählt man Ihnen von einem Ereignis, das sich Anno Schnee *(Anno Tobak)* zugetragen hat oder in Hinkunft (*in Zukunft*) stattfinden wird, dann können Sie es hoffentlich zumindest von etwas unterscheiden, was alle heiligen Zeiten (*alle Jubeljahre*) einmal passiert. Ja, und wer hudelt (*überstürzt und schlampig handelt*) oder ein schlechtes Zeitmanagement hat, kommt nicht zusammen (*bekommt nichts fertig*). Einen solchen Zeitgenossen nennt man Hudri-Wudri (*Oberchaot*).

Ungewöhnlich mag für Nicht-Österreicher der Gebrauch des sächlichen Artikels „das" mit „Monat" sein, doch ist hier wirklich sowohl der Monat *als auch* das Monat *zulässig.*

Brodel nicht herum! Wir müssen uns jetzt wirklich tummeln!
Trödel nicht so lange! Wir müssen uns jetzt wirklich beeilen!

Klar, wenn du immer alles im letzten Abdruck machst!
Logo, wenn du immer alles auf den letzten Drücker machst!

Die Familie: Butzerl, Urstrumpftante & Co.

Der Ausdruck Bursch *muss übrigens nicht zwangsläufig einen jungen Mann bezeichnen. So hört man auch unter älteren Semestern durchaus:* Servus, Burschen!

Bei diesem Thema kann man große Unterschiede zwischen den westlichen und östlichen Dialekten feststellen. Die hier vorgestellten Wörter sind den meisten Österreichern bekannt, stammen aber vorrangig aus dem Osten der Republik.

Mal ehrlich, ein Bub (*Junge*) oder ein Mäderl (*kleines Mädchen*) kann noch so goschert (*frech*) sein, trotzdem wird es von Papsch und Mamsch (auch: Papa und Mama), Omama und Opapa (auch: Oma und Opa) sowie dem Rest der Mischpoche (Großfamilie, Verwandtschaft; in Deutschland auch *Mischpoke*) verwöhnt, als wäre es das herzigste Butzerl (*süßeste Kleinkind*) der

Ein bisserl Schmäh ist allgegenwärtig!

Foto: Daniel Krasa

Welt. Und wenn es auch blazt *(schreit)*, röhrt *(weint)* und rehrt *(brüllt)*, als gäbe es kein Morgen, weil vielleicht die Milch im Flascherl *(Trinkflasche)* zu heiß ist, es Lulu *(Pipi)* machen muss oder der Fopper *(Schnuller)* in den Sand gefallen ist, kauft man halt geschwind *(schnell)* einen klassen Dreiradler *(cooles Dreirad)* oder ein neues Pupperl *(Püppchen)*. Und schon lacht der Gschrapp (ugs. „Kind", Mz. die Gschrappen) wieder!

Der Ausdruck „Junge" gilt in Österreich als norddeutsch und wird generell durch Bub(e) bzw. im Dialekt durch Bua ersetzt, und statt „Mädchen" sagt man Mäderl oder auf dem Land auch Dirndl. Ein besonders kleines Kind wird auch Zwutschkerl genannt. Neben Lulu machen (Pipi machen) findet man fürs – eher erwachsene denn kindliche – Urinieren auch die Ausdrücke brunzen, schiffen und wiescherln.

Bei der Urstrumpftante *handelt es sich übrigens um keine lebende Verwandte.* Das kannst du deiner Urstrumpftante erzählen *ist die Antwort auf eine horrende Übertreibung, im Sinn von: Das kannst du jemand Dümmerem erzählen!*

der Enkel	der Enkelsohn
die Enkelin	die Enkeltochter
das Enkerl	das Enkelkind
die Familienbeihilfe / Kinderbeihilfe	das Kindergeld
der Firmgod / Firmgöd / Firmgodl	der Firmpate

Der Bub vom Wirten ist ein schönes Bröckerl.
Der Junge vom Wirt ist ein ganz schön dickes Kind.

Ihr Dirndl sempert aber ganz schön herum.
Ihr Mädchen jammert aber ganz schön herum.

Sobald das Kind aus der Gehschule *(Laufstall)* kräult *(klettert)*, muss schnell der erste Computer oder ein Smartphone her. Längst sind die Zeiten vorbei, wo Schnurspringen *(Seilspringen)*, Pfitschigogerln (Tischfußball mit Kamm, Münze oder Murmeln) oder Versteckerl (*Versteckenspielen*) die Gemüter entzückte. Und bei fehlender Unterhaltung wird schon schnell einmal ein Schnoferl gemacht oder gezogen *(die Nase gerümpft, eine Schnute gezogen)*. So eine Bagage! *(So eine Rasselbande)!*

Leben & Sterben: Von der Wiege bis zur Bahre

Die Patschen *(Pantoffeln, Hausschuhe) finden sich auch in Form von* Filzpatschen, Hauspatschen *oder* Turnpatschen. *Und was ist wohl das* Patschenkino? *Richtig, der „Fernseher".*

Leider bleibt man ja nicht immer ein Kind, und irgendwann ist dann auch das längste Leben zu Ende. Man reißt ein Bankl, stellt die Patschen auf oder gibt den Löffel ab (alle ugs. für: *sterben, abkratzen*). Gerade in der Bundeshauptstadt Wien hat man eine makabre und doch irgendwie gesunde Einstellung zum Moment, in dem man den Holzpyjama anzieht, also in den Sarg gebettet wird. Zahlreiche lokale Lieder und Gedichte handeln von diesem Thema, denn „der Wiener hat verstanden, dass das Leben kein Happy End hat", wie der Schriftsteller Frederic Morton (1924-2015) so treffend bemerkte. Zumindest die Hinterbliebenen legen Wert auf eine schöne Leich' – sprich eine würdige Bestattung mit reichlich Trauergästen und anschließendem Leichenschmaus. Man verschickt dazu an die Trauergemeinde eine Parte oder einen Partezettel (*Todesanzeige*). In Wien tritt dann noch der Pompfüneberer („offizieller Leichenbegleiter eines Bestattungsunternehmens“) auf den Plan. Wird der Tote verbrannt, bringt man ihn in die Feuerhalle *(Krematorium)*.

Lokale Kultur und Feiertage: Da tut sich was!

Sieht man von Germknödeln *(Hefeklößen)*, Skipisten und blauen Bergseen ab, so dürfte die Kultur einer der Hauptbeweggründe für einen Österreichbesuch sein. Und es stimmt: für seine bescheidene Größe bietet das Land ein geradezu überbordendes Angebot an allerlei Erbaulichem für Geist und Seele. Doch wer das „wahre“ Österreich jenseits der begnadeten Museums-, Konzert- und Theaterwelt erleben will, sollte speziell den zahlreichen Volksfesten einen Besuch abstatten. Praktisch in jeder Stadt und in jedem Dorf wird hin und wieder eine Kirchweih oder ein Kirtag (beides *Kirmes*) bzw. eine Dult (*Volksfest*, v. a. im Salzburger Raum) gefeiert, nicht selten mit Musik der örtlichen Feuerwehrkapelle, einem Haufen Standln (*Buden*) und in der Regel einer Mordsgaudi (*Riesenspaß*).

Da is' was los! (*Da geht's ab!*) Geradezu weltberühmt in Österreich ist der Kirtag in Altaussee am ersten Septemberwochenende. Und wer eine Überdosis Steiermark ertragen kann, sollte Mitte September noch in Graz beim Aufsteirern dabei sein!

das Autodrom	der Autoscooter
antauchen	anschieben
das Gewurl	der Tumult/ das Gedränge
die Hochschaubahn	die Achterbahn
die Hutsche	die Schaukel
hutschen	schaukeln
das Kasperltheater	das Puppentheater
das Ringelspiel	das Karussell
das Standl / die Standln	die Bude / die Buden

Gibt's auf dem Kirtag auch ein Brathendlstandl?
Gibt es auf dem Jahrmarkt auch eine Bude mit Brathähnchen?

Nein, aber dem Seppi seine Steckerlfisch' sind der Wahnsinn.
Nein, aber Josefs gegrillte Fische sind der Hammer.

Wer auf zwei Kirtagen tanzt, *ist übrigens jemand, der einfach immer und überall dabei sein will.*

Beim heurigen Kirtag rennen nur lauter Dodeln und Ang'schütte herum.
Auf der diesjährigen Kirmes sind ausschließlich Idioten und Besoffene unterwegs.

Foto: Daniel Krasa

Jetzt wird aufgespielt! Volksmusik im 21. Jahrhundert mit der traditionellen „Teufelsgeige" (links außen)

Nicht nur bei Dorffesten, aber speziell dann hat man auch die besten Chancen gerade im ländlichen Raum authentische Vorführungen von so urtypischen Volksbräuchen wie **Jodeln** oder **Schuhplatteln** zu bestaunen. Gute Sprachkenntnisse braucht man, um **Gstanzl** (meist *lustige Spottlieder*) zu verstehen, die nicht selten von einer **Quetschen**, also der **Ziehharmonika** *(Akkordeon)* begleitet werden.

Auch in Österreich feiert man **Fasching** (*Karneval*), und populär sind dabei speziell in Wien die zahlreichen Bälle, auf denen teilweise – wie z. B. beim elitären Opernball – Ballkleid- und Smokingpflicht herrscht und so mancher Teilnehmer vorher auf der **Perfektion** (*Übungsabende in der Tanzschule*) noch seine Walzertechnik verbessert hat. Bei einer Einladung zu einem **Gschnas** (*Maskenball*) hingegen darf man auf keinen Fall die Verkleidung vergessen.

Im Westen nennt man den Fasching meist Fasnat oder Fasnacht und hier finden sich bestimmte Bräuche, wie z. B. das Schellerlaufen in Nassereith, das Schemenlaufen in Imst oder das Blochziehen in Fiss (alle in Tirol).

Als was gehst du heuer beim Gschnas?
Als was verkleidest du dich dieses Jahr am Maskenball?

Dieser Ungustl ist mir beim Landler auf die große Zehe gestiegen.
Dieser unappetitliche Typ hat mir beim Ländlertanz auf den großen Zeh getreten.

Beim Ball ist er am Juchhe gesessen und hat sich alles von oben angeschaut.
Beim Ball hat er oben auf der Galerie gesessen und sich alles von dort angeguckt.

Die meisten Feste Österreichs sind religiöser, genauer genommen katholischer Natur und sie variieren enorm von Ort zu Ort, dabei sagt man zu Pfingsten, zu Ostern und zu Weihnachten (statt *an Pfingsten*, *an Ostern* oder *an Weihnachten*). Sehenswert ist u. a. der 6. Jänner bei den Glöcklern in Ebensee (Oberösterreich) oder Stainach (Obersteiermark) mit ihren gigantischen Lichtkappen oder am ersten Sonntag nach Ostern in Höchst (Vorarlberg), wenn die Burschen Efeukronen tragen. Berühmte Prozessionen gibt es in Mölltal (Kärnten), in

Arbesthal (Burgenland), in Deutschlandsberg (Steiermark) oder Hallstatt (Oberösterreich). Und der Johannistag ist besonders im Lungau (Salzburg) erlebenswert, wo auch jeden Sommer in mehreren Ortschaften das so genannte Samsontragen stattfindet.

Nächste Ostern müssen wir wieder Eier pecken.
Nächstes Ostern müssen wir wieder die Eier aneinander stoßen.

Hast du den neuen Mesner gesehen?
Das ist ein ganz schöner Zwetschkenkrampus.
Hast du den neuen Küster (Kirchenverwalter) gesehen?
Das ist vielleicht ein dünnes Männchen.

Gemeinsam haben viele Gegenden am Palmsonntag die Palmbuschen, ein buntes Gebinde an einer Stange, die in der Kirche gesegnet werden, um dann auf den Feldern als Fruchtbarkeitssymbol aufgestellt zu werden; außerdem den Maibaum, der von jungen Männern aufgebaut und erkraxelt *(erklettert)* wird.

Zu beachten ist, dass die Namen der Heiligen mit dem lateinischen Genitiv-i gebildet werden, also Josefitag *(Josefstag)* am 19. März, Florianitag (Florianstag) am 4. Mai, Rupertitag (Rupertstag) am 24. September und der Leopolditag (Leopoldstag) am 15. November. Diese werden in den Bundesländern unterschiedlich als regionale Feiertage begangen. In ganz Österreich gilt allerdings der Stefanitag (zweiter Weihnachtsfeiertag).

Am 11. November wird speziell in Ostösterreich Martini *(Martinsfest)* gefeiert, und sowohl in privaten Haushalten als auch in Restaurants trifft man sich zum Ganslessen *(Gansessen)*, denn was das Lamm zu Ostern, ist dann das Martinigansl.

Mit Beginn Dezember schießen überall im Land Christkindlmärkte *(Weihnachtsmärkte)* wie Schwammerl *(Pilze)* aus dem Boden, und auch in Österreich hat es Tradition, spätestens am 24. Dezember den Christbaum aufzuputzen *(den Weihnachtsbaum zu schmücken)*. Am 6. Dezember kommt zu den Kindern der Nikolo *(Nikolaus)* mit Geschenken, doch hat sich hier auch noch dessen strafender Gegenspieler namens Krampus oder Kramperl *(Knecht Ruprecht)* erhalten, der zwar nur noch selten die Kleinen schreckt *(erschreckt)*, dafür aber Anlass zu Gruselpartys für die Älteren ist. Am Heiligen Abend *(an Heiligabend)* schaut dann hoffentlich das Christkindl *(Christkind)* auf einen Sprung vorbei, der erste Weihnachtsfeiertag heißt Christtag und Silvester feiert man mit Schweizer Krachern *(Böllern)*, manchmal dem Mundl (einer österreichischen Serie aus den 1970er-Jahren) im TV und man wünscht sich Prosit Neujahr! *(Prost Neujahr!)*.

Garantiert gruselig! Ab Ende Dezember finden speziell im Bundesland Salzburg die so genannten Perchtenläufe *statt, lärmende Umzüge von als dämonische Fantasiewesen Verkleideten. Das wilde Treiben der* Schön- und Schiechperchten *soll den Winter vertreiben.*

Zu Weihnachten essen wir die Kekse immer auf einen Sitz zusammen.
An Weihnachten essen wir die Plätzchen immer auf einmal auf.

Der Sport: Wuchtel, Bogerl und Skihaserl

Sagen Sie zu einem Österreicher I' wer' narrisch! *(Ich werd' verrückt!)* und er wird Ihnen antworten: „Córdoba 1978!" Denn sieht man vom Aussterben der Dinosaurier und der Erfindung der Mozartkugel ab, hat wohl kaum ein Ereignis eine so fundamentale Bedeutung für die Alpenrepublik wie der 3:2-Sieg der österreichischen Nationalmannschaft über die Bundesdeutschen (damals amtierende Weltmeister) beim letzten Spiel der Zwischenrunde der Fußballweltmeisterschaft in Argentinien 1978.

Auch in Österreich ist der Begriff der Schiedsrichter *statt* der Referee *zu hören, dafür ist der Ausdruck „der Unparteiische" unüblich.*

Zwar schied auch Österreich in Folge aus dem Turnier aus, doch die eingangs erwähnten Worte des Radiomoderators Edi Finger sind noch immer Kult.

Wer sich heutzutage mit Fußball in Österreich beschäftigt, trifft vielfach auf englische Lehnwörter, auf die wir im Kapitel „Sprachgeschichte und historische Einflüsse" näher eingegangen sind.

Hast du beim Match gesehen, wie der Goalie den Referee angesempert hat?
Hast du bei dem Fußballspiel gesehen, wie der Torwart beim Schiedsrichter genörgelt hat?

Hilfst du echt zu den Franzosen?
Hältst du echt zu den Franzosen?

gaberln	den Ball mehrmals kurz hochspielen
ein Gurkerl	ein Schuss durch die Beine des Gegners
der Jausengegner	leichter Gegner
köpfeln	köpfen
das Pfeiferl	die Trillerpfeife
(rüber)schupfen	(herüber)werfen
die Wuchtel *(ugs.)*	der Fußball

Wer sein Trikot (sprich [trikó]) bzw. sein Leiberl gerade in der Wäsche hat, kann auch am Wuzler *(Kicker, Tischfußball)* seine Fähigkeiten unter Beweis stellen. Und neben dem Fußball ist natürlich der Wintersport populär – und ganz vorne dabei das Skifahren. Auch hier gibt es einiges an Vokabular, das von Nicht-Österreichern nicht per se verstanden wird. Angefangen von der Tatsache, dass „Ski" auch als Schi zu finden ist und diese in der Mehrzahl auch eher so erhalten sind, wobei man nur selten die Skier sagt.

Geschmissen *für „gestürzt" ist sehr häufig zu hören, doch möchte man sich etwas lockerer ausdrücken, kann man sagen:* Es hat ihn hing'haut *oder* Er hat einen Stern / eine Brezen gerissen. *Beide in etwa: „Er ist auf die Fresse geflogen."*

Ich muss noch gach meine Schi wachseln.
Ich muss noch schnell meine Skier wachsen.

Es hat ihn beim Skifahren geschmissen.
Er ist beim Skilaufen gestürzt.

Wenn es brettleben ist,
kann man schwer Bogerl machen.
Wenn es flach ist,
kann man schwer Bogen fahren.

der Eishackler	Eishockeyspieler (ugs.)
das Eislaufen	das Schlittschuhlaufen
der Fixstarter/ die Fixstarterin	fix nominierte/r Sportler/in (bei Wettkämpfen)
der Kacherlaufsprung, das Kacherl	bestimmte Landung beim Skispringen
die Mugelpiste	die Buckelpiste
rodeln	nur als Sportdisziplin, als Freizeitvergnügen: Schlitten fahren
skifahren	skilaufen
die Skistecken	die Skistöcke
die Ski wachseln	die Skier wachsen
das Skiwasser	Erfrischungsgetränk aus Soda, Himbeersirup und Zitronensaft
das Skihaserl	Anfänger/in b. Skifahren
der Stockerlplatz	der Podestplatz

Die Farben der Spielkarten lauten in Österreich: die Karo, die Pik, die Treff (seltener auch:) die oder das Kreuz und die oder das Herz.

Beim Schnapsen hab ich immer das Bummerl.
Ich verliere immer die volle Serie bei Sechsundsechzig.

Entweder ich dreh zu oder du haust gleich den Hut drauf.
Entweder ich sperr zu oder du gibst gleich auf.

Alltag und Arbeitswelt: Welcome to Austria!

Wer in den österreichischen Alltag eintaucht, ob zum Arbeiten oder zum Studieren, der wird relativ bald mit einigen Wörtern konfrontiert, die in dieser Weise weder in Deutschland noch der Schweiz bekannt sind. Da ist zuerst einmal die Trafik (immer endbetont gesprochen), ein *Tabak- und Zeitschriftenladen*, in dem man neben Zigaretten und Zeitungen auch Parkscheine, Fahrscheine und vereinzelt auch Briefmarken kaufen kann. Bei einem ersten Streifzug durch eine österreichische Stadt oder im Gespräch mit Einheimischen mögen einem ferner so manche Geschäfts- oder Berufsnamen etwas fremd sein.

Noch vor nicht allzu langer Zeit war der Greißler *gerade in Kleinstädten und Dörfern allgegenwärtig, und man praktizierte noch häufig den* Gassenverkauf *(Verkauf über die Gasse). Doch mit dem Aufkommen großer Supermarktketten dürfte diese einstmals typisch österreichische Institution langsam verschwinden.*

der Fleischhauer	der Metzger
der Greißler, **der Kramer**	der Krämerladen, der Tante-Emma-Laden
die Putzerei	die Wäscherei
(insgesamt putzen statt *sauber machen*)	
der (Altwaren-)Tandler	der Trödler

Wer bereits eine eigene Wohnung hat, der sollte sich mit seinem Hausbesorger *(Hausmeister)* gut stellen, denn der hat in der Regel bei Bedarf die richtigen Adressen, um kleinere Hausarbeiten erledigen zu lassen. Immerhin will man sich ja nicht unnötig fretten *(mühen, plagen)*. Doch Vorsicht, denn wer pfuschen

Foto: Daniel Krasa

(schwarz arbeiten) lässt, der hat nachher den Scherben auf *(ist in eine missliche Situation geraten)*, zumindest wenn ihn jemand vernadert *(denunziert, verrät)*.

Die Putzerei sorgt schon dafür, dass die Weste wieder ganz weiß wird!

der Glaserer	der Glaser
der Installateur [-st-]	der Gas-, Wasser-Elektroinstallateur
der Rauchfangkehrer	der Schornsteinfeger
der Spengler	der Klempner
der Tischler	der Schreiner

Wer ein Handwerker werden will, ist zuerst ein Lehrling *(Auszubildender).* Lehrmädchen *und* Lehrbuben *bekommen dafür die* Lehrlingsentschädigung *(Ausbildungsvergütung).*

Na Bumm! Den Rollbalken kann man immer noch nicht herunterlassen und der Salon ist voller Hobelscharten.
Na prima! Der Rollladen lässt sich immer noch nicht schließen und das Wohnzimmer ist voller Hobelspäne.

Ein technisches Gebrechen? Kein Wunder, wenn du alles im Pfusch machen lässt!
Ein technischer Defekt? Kein Wunder, wenn du alles schwarz machen lässt!

Doch hält Sie in Ihrem Job jemand für einen Betonierer, so denkt er nicht daran, dass Sie auf der Baustelle arbeiten sollten, vielmehr will er damit ausdrücken, dass Sie Neuerungen gegenüber verschlossen sind, aus Angst Ihre Macht zu verlieren! So gilt auch in der Arbeitswelt, dass man manchmal wie ein Haftelmacher aufpassen *(wie ein Luchs achtgeben)* muss, mit wem man packelt *(paktiert)*. Schätzt man Sie hingegen für Ihr Know-how, kann es schon mal sein, dass man Sie als Kapazunder *(Koryphäe auf einem Gebiet)* bezeichnet.

Ein Haftelmacher *stellte Haken und Ösen für Schuhe und Kleidungsstücke her.*

Mit dem Satz Ich bin (doch) nicht dein Schani! *kann man sich gegen Handlangerdienste wehren, denn dem* Schani *werden nur die „niederen Tätigkeiten" aufgebrummt.*

Übrigens: Spricht man von einem Hackler *(Arbeiter)*, klingt oft mit, dass es sich um jemanden handelt, der bereits sehr lange in die Pensionsversicherung (*Rentenversicherung*) eingezahlt hat und dementsprechend früh in Pension (*Rente*) gehen darf, also zum Frühpensionisten *(Frührentner)* wird. Typisch österreichisches Arbeitsvokabular ist außerdem:

Bei der Arbeiterkammer ist man in Österreich automatisch Mitglied, sobald man Arbeitnehmer ist.

die Arbeiterkammer	die Interessenvertretung der Arbeitnehmer
die Betriebsbewilligung	die Betriebserlaubnis
der Dienstgeber	der Arbeitgeber
der Dienstnehmer	der Arbeitnehmer
die Ferialarbeit	die Ferienarbeit
die Hacklerregelung	die Pensionsregelung f. Langzeitarbeitnehmer
der Kollektivvertrag	der Tarifvertrag

Zwischen Bregenz und Wien ist man im Übrigen **auf Pause** *(statt in der Pause)*, **auf Urlaub** *(im Urlaub)*, aber **im Krankenstand** *(krank gemeldet)*, und ganz wichtig ist zu beachten, dass die **Urlaubssperre** die *Schließung wegen Urlaubspause* bezeichnet und nicht das Verbot, sich Urlaub zu nehmen.

Und frisch gebackene Mamas sind in Österreich **in Karenz** *(im Mutterschaftsurlaub)*. Nicht überall gleichermaßen bekannt sind auch folgende Berufsbezeichnungen:

der Briefträger	der Postbote
der Frächter	der Spediteur
der Grundwehrdiener	der Grundwehrdienstleistende
der Kassier / die Kassierin	der Kassierer / die Kassiererin
der Pensionist / die Pensionistin	der Rentner / die Rentnerin
der Postler	der Postbeamte
der Schaffner	der Zugbegleiter
der Wissenschafter	der Wissenschaftler
der Zivildiener	der Zivildienstleistende, der Zivi
der Gedenkdiener	Zivildiener, der Holocaust-Gedenkstätten betreut

Ich habe auf der Post gefragt, wann das Postkastl ausgehoben wird.
Ich habe im Postamt gefragt, wann der Briefkasten geleert wird.

Im Büro: Von Titeln und Kollegen auf Pause

Ab ca. 11 Uhr vormittags schallt durch viele Büros statt des üblichen „Grüß Gott!“ oder „Servus!“ beim Aufeinandertreffen der profane Gruß Mahlzeit!

Optimistisch gehen wir davon aus, dass Sie nette Vorgesetzte haben, vor denen man keinen Spundus *(keine Angst)* zu haben braucht und bei denen man sich als Mitarbeiter alle zehn Finger abschlecken *(ablecken)* kann.

Wer glaubt, dass er ins Narrenkastl schauen *(Löcher in die Luft starren)* kann, nur weil er pragmatisiert *(verbeamtet)* ist, wird dem Chef nicht auskommen *(entgehen)*, wenn's ans Zusammenputzen *(Ausschimpfen)* geht.

Wer in der Früh *(am Morgen)* noch nicht ganz munter *(wach)* ist, nimmt sich mal ein Häferl *(Becher)* Kaffee, gibt einen Schuss Maresi *(Kondensmilch)* dazu und schon kann man geistig besser hackeln, schöpfen, buckeln und barabern (alle regional und ugs. für: *malochen*). Gegen 18 Uhr wird dann aber der Computer ausgeschaltet *(ausgemacht)*, das Licht abgedreht *(ausgemacht)* und die Tür zugemacht. Feierabend!

die Aktentasche	die Aktenmappe
das Gummiringerl	der Gummiring
die Klammerlmaschine	der Tacker
die Klappe	die Durchwahl
der Reißnagel	die Reißzwecke
der Schreiber (auch:)	der Kugelschreiber
das/der Tixo	das Klebeband, der Tesafilm
der UHU	der Klebstoff

Die neue Kollegin ist ganz schön auf Zack und raunzt gar nicht.
Die neue Kollegin hat was auf dem Kasten und nörgelt überhaupt nicht.

Die Papierln, die über sind, kannst du durch den Aktenvernichter lassen.
Die übrigen Papiere kannst du schreddern.

Ein Schriftstück, das einer bestimmten Person zukommen soll, schickt man übrigens zu Handen *(statt „zu Händen").*

Aber die hinigen Klammerlmaschinen gehören ins Altstoffsammelzentrum.
Aber die kaputten Tacker müssen zum Wertstoffhof gebracht werden.

Eine eigene Wissenschaft und ein unzerstörbares Relikt aus der Zeit der Monarchie ist der Umgang mit Titeln. Unterschieden wird zwischen Berufs- und Amtstiteln. Letztere bezeichnen das tatsächlich innehabende Amt, z. B. Ministerialrat, Sektionschef oder Fachinspektor. Wird man z. B. mit (Ober-)Studienrat, Universitätsprofessor, Herr/Frau Kammersänger/in oder Kammerschauspieler/in angesprochen, hat man sich langjährige Verdienste um die Republik Österreich erworben und wird dafür geehrt.

Mehr als 600 Jahre Habsburgerherrschaft haben umgangssprachlich ihre Spuren hinterlassen. Ein Bürgermeister kriegt da schon mal das Attribut Dorfkaiser *verpasst, während sich ein* Immobilienkaiser *Herr über viele Häuser nennen darf. Der passende Ausruf des Erstaunens dazu:* Na servus, Kaiser!

Die Reihenfolge bei der Auflistung ist streng festgelegt: zuerst der Amtstitel, dann der Berufstitel, dann der akademische Grad. Doch wie kriegt man das alles auf eine Visitenkarte? Im Fall eines Schuldirektors, der zuvor ein Doktoratsstudium an der Universität für Bodenkultur absolviert hat und nun den

Titel „Hofrat" verliehen bekommt, ist's ganz einfach: Dir. HR Dr. rer. nat. techn. Alois Pfudl.

Ich hab gar nicht mitgekriegt, dass der Sektionschef seit neuestem einen Pepi hat.
Ich hab gar nicht mitbekommen, dass der Sektionschef neuerdings ein Toupet trägt.

Eine Auflistung bzw. Gegenüberstellung der diversen Dienstgrade sprengt den Rahmen dieses Buches. Wenn Sie sich doch damit auseinandersetzen oder mal „Die letzten Tage der Menschheit" von Karl Kraus lesen, dann richten Sie sich drauf ein, es mit Brigadieren, Vizeleutnants, Wachtmeistern, Korporalen *etc. zu tun zu bekommen.*

Von mir aus können S' auch nur „Herr Kommerzialrat" zu mir sagen.
Meinetwegen können Sie mich auch nur „Herr Kommerzienrat" nennen.

Und weil bei Titeln auch immer Gehorsam und Devotsein gewissermaßen mitspielen, hier noch ein kurzer Exkurs zum Militär: Mit 18 Jahren müssen Männer zur Stellung *(Musterung)*, die von einer Stellungskommission durchgeführt wird. Da Stellungspflicht herrscht, müssen die Prozedur, die ca. 1 ½ Tage dauert, alle über sich ergehen lassen, selbst wenn man schon weiß, dass man lieber Zivildienst leisten möchte. Wer sich doch fürs Bundesheer *(die Bundeswehr)* entscheidet, schwört als Grundwehrdiener *(Wehrdienstleistender)* nach Abschluss der allgemeinen Basisausbildung bei der feierlichen, öffentlichen Angelobung *(Vereidigung)*, der Republik Österreich zu dienen und treu zu bleiben. Für insgesamt 6 Monate heißt es nun öfters Habt Acht! *(Stillgestanden)* oder Ruht! *(Rührt euch!)* auf Befehl der Vorgesetzten hin.

Behörden und Ämter: Kafka lässt grüßen!

Wer sich in Österreich niederlassen möchte oder muss, der wird unweigerlich mit den örtlichen Behörden zu tun haben. Zwar sind die Zeiten der berüchtigten K. u. K.-Bürokratie längst vorbei, und in Summe (*insgesamt*) sind die Staatsdiener recht kompetent, doch auch heute läuft es auf österreichischen Ämtern fallweise *(gelegentlich)* anders, als man das aus Deutschland oder der Schweiz gewohnt sein mag.

Zuallererst sollte man wissen, wo man überhaupt hin muss:

das Arbeitsmarktservice *(kurz* AMS*)*	das Arbeitsamt
der Bezirk	der Kreis, der Stadtteil
das Bezirksamt	das Kreisamt, das Einwohnermeldeamt
die Bezirkshauptmannschaft *(kurz* BH*)*	Verwaltungsbehörde
das Fundamt	das Fundbüro
die Gebietskrankenkassa	die gesetzliche Krankenkasse
das Gemeindeamt	das Bürgermeisteramt, Einwohnermeldeamt
der Magistrat / das Magistrat	die Stadtverwaltung
das Magistratsamt *(kurz* MA*)*	Unterabteilung des Magistrats

Für die Anmeldung des Wohnsitzes geht man in Österreich auf die Gemeinde *und in Großstädten auch häufig* auf die Polizei, *da Bezirksämter nicht selten an Polizeidienststellen angeschlossen sind.*

Gehen Sie zur Stiege III, Büro 7.
Da ist heute Journaldienst.
Nehmen Sie die Treppe III, Büro 7.
Dort ist heute Bereitschaftsdienst.

Da haben Sie sich vertan.
Heute ist kein Parteienverkehr.
Da haben Sie sich geirrt.
Heute haben wir keinen Publikumsverkehr.

Erklärungsbedürftig ist die Stempelmarke, eine Art Wertmarke, die man in der Trafik kaufte und mit der man bis Ende 2001 diverse Gebühren bezahlt hat. Doch auch heute hat sich Stempelmarke zumindest begrifflich als Synonym zur Verwaltungsgebühr gehalten. Explizit österreichische Rechts- und verwaltungstechnische Begriffe – neben denen, die wir bereits erwähnt haben – sind:

aliquot berechnen	anteilig berechnen
in Evidenz halten	vormerken
etwas nostrifizieren lassen	(ein ausländisches Dokument) anerkennen lassen
die Polizze	Versicherungsurkunde
die/das Pönale	die Strafe
der Rayon	der Dienstbereich
der Rayonsinspektor	verantwortlicher Polizist (für einen Rayon)
urgieren	hartnäckig auf eine Entscheidung drängen

Daneben finden sich zahlreiche Ausdrücke, die es so oder in ähnlicher Form auch im Bundesdeutschen gibt, die jedoch nicht zwangsläufig die gleiche behördliche Bedeutung haben.

die Abfertigung	die Abfindung	
der Akt	die Akte	
Allfälliges	Verschiedenes	
etwas ausfolgen	etwas aushändigen	
der Ausgleich	der Vergleich	
die Aussendung	das Rundschreiben	
mit Bedachtnahme auf	unter Berücksichtigung von	
die Beilage	die Anlage	
die Beitragsgrundlage	die Beitragsbemessungsgrenze	
die Drucksorte	das Formular	
der Durchrechnungszeitraum	Zeitraum, der für eine Berechnung herangezogen wird	
die Exekutive	die Polizei	
die Feuerbeschau	die Brandschau	*(behördliche Überprüfung der Brandsicherheit)*
der Fruchtgenuss	der Nießbrauch	
die Gleichschrift	die Abschrift	
die Kundmachung	die Verlautbarung	
der Lokalaugenschein	der Lokaltermin	
die Schadenserhebung	die Schadensfeststellung	
in Verstoß geraten	derzeit nicht auffindbar	*(in den falschen Aktenstapel geraten)*
die Vorgangsweise	die Vorgehensweise	

In Österreich klagt *(verklagt) man jemanden. Wer mit einem Urteil nicht zufrieden ist,* beruft dagegen *(legt Berufung ein), und wer mehr zu all dem wissen möchte, der sollte* Jus *(Jura) studieren und in Österreich sein* Gerichtsjahr *(einjähriges Juristenpraktikum) absolvieren.*

Die Tachinierer am Magistrat rühren kein Ohrwaschel!
Die Faulpelze auf der Verwaltungsbehörde drehen Däumchen!

Ich weiß eh, dass es pressiert, aber ich bitte trotzdem um ein Alzerl Geduld.
Ich weiß schon, dass es eilt, aber dennoch bitte ich um etwas Geduld.

Genug des Amtsjargons? Ganz allgemein sagt man: Da werden wir keinen Richter brauchen! (in etwa: *Das regeln wir unter uns!*); doch wer sich mit der Justiz anlegt, der hat schnell die Kiberer *(Bullen)* am Hals und muss ggf. zu einer Einvernahme *(Vernehmung)* aufs Kommissariat *(Polizeirevier)*.

Die österreichische Fernsehserie „Kottan ermittelt" hat den Spruch geprägt: Inspektor gibt's kan! *(Inspektor gibt es keinen!), und tatsächlich heißt die offizielle Bezeichnung für einen leitenden Polizisten* Kommissär *(Kommissar).*

Der Inspektor (sprich [inschpekta], ugs. für jeden Polizisten) wird einen dann lang und breit ausfratscheln *(ausfragen)*. Möglicherweise wurden ja sogar schon Vorerhebungen *(Ermittlungen)* eingeleitet, und wer bereits amtsbekannt *(aktenkundig)* ist, weil er oder sie z. B. mit Suchtgift *(Rauschgift)* handelt oder am Strich geht *(auf den Strich geht)*, der landet schon mal per Grünem Heinrich *(Grüne Minna, Transportwagen für Sträflinge)* in der Justizanstalt *(Gefängnis)* und wird eingekastelt *(eingebuchtet)*. Dort im Gefängnis, umgangssprachlich Häfen *(Knast)* genannt – in Innsbruck auch Ziegelstadel – finden sich dann reichlich Pülcher (*Gauner, Strolche*), Giftler (*Drogensüchtige*) und sonstige Strizzis (*Unterweltler*).

Foto: Lukas Mayrhofer

Rechts zuwi oder weiter vieri? -Hinweisschild für den österreichischen Ämterdschungel.

Weil er oft fladert, ist er schon ein Dutzend Mal im Häfen gesessen.
Weil er oft klaut, hat er schon Dutzende Male im Knast gegessen.

Obacht! Heut ist Planquadrat und du willst doch nicht deinen Fetzen verlieren!
Vorsicht! Heute gibt's Alkoholkontrollen und du willst doch deinen Lappen nicht verlieren!

Schule: Wegen Fetzen zum Nachzipf

Die Einführung der allgemeinen Schulpflicht geht auf Maria Theresia zurück, die 1774 eine Schulordnung in allen damaligen habsburgischen k. u. k. Erbländern verfügte.

Das gesamte österreichische Schulsystem hier zu erklären, würde den vorhandenen Platz sprengen und ist ungefähr so leicht zu vermitteln wie Einsteins Relativitätstheorie. So viel sei aber gesagt: Nach vier Jahren Volksschule *(Grundschule)* kommt wahlweise die Neue Mittelschule bzw. Hauptschule oder Unterstufe Gymnasium. Danach gilt es nach der 8. Schulstufe *(Schuljahr)*, und somit schon mit 14 Jahren, zu entscheiden:

> noch ein Jahr bis zum Ende der Schulpflicht z. B. im Poly(technikum) zu verbringen und dann die duale Ausbildung (Lehre mit begleitender Berufsschule) anzufangen;
>
> Besuch einer meist dreijährigen berufsbildenden mittleren Schule (z. B. Handelsschule);
>
> oder Besuch einer höheren Schule, die entweder allgemeinbildend ist und noch 4 Jahre dauert (z. B. Oberstufe Gymnasium) oder berufsbildend und meist fünfjährig ist (z. B. Handelsakademie).

Sagt ein Pubertierender, er gehe in die Vierte, *meint er damit nicht die vierte Schulstufe, sondern die vierte Klasse der Unterstufe. Der gleiche Satz aus dem Mund eines älteren Schülers der Oberstufe einer berufsbildenden Schule wiederum zeigt, dass er wohl bald* maturieren *wird.*

Die höheren Schulen schließen mit der Matura (dem *Abitur*) ab, nach der im besten Fall die weiße Fahne gehisst wird; das bedeutet, dass alle Schüler bestanden haben.

Der Maturaball einige Monate vor der Reifeprüfung gehört in Österreich einfach dazu! Wozu hat man denn traditionsgemäß mit 16 eine Tanzschule besucht? Der Maturaball dient aber nicht nur zum Tanzen und Flirten, sondern durch den Verkauf von Eintrittskarten, Getränken etc. für die Lukrierung *(Beschaffung)* von Geld für die Maturareise. Die Maturaschule wiederum ist eine Privatschule zur Vorbereitung auf die staatliche Reifeprüfung und für all jene, die im zweiten Bildungsweg ihre Reife bei der Externistenprüfung nachholen.

Und weil's ohne Abkürzungen und Titel ja fad *(langweilig)* wird, hier für Blitzgneißer *(Schnellmerker)* eine Übersicht:

Bei Institutionen gibt es natürlich schon Abkürzungen, wie in jedem Land. Unüblich ist es in Österreich bei „Alltagsdingen" wie Majo, Perso, Pulli...), also die bewusste Wortverkürzung.

AHS	allgemeinbildende höhere Schulen
das BORG	Bundesoberstufen-realgymnasium
die BAKIP	Bildungsanstalt für Kindergartenpädagogik
BHS	berufsbildende höhere Schulen
die HAK	die Handelsakademie
die HAS	die Handelsschule
die H(B)LA	die Höhere (Bundes-) Lehranstalt
die HTL	die Höhere Technische Lehranstalt
der/die LSI	der/die Landesschul-inspektor(in)
der LSR	der Landesschulrat (für ein Bundesland zuständige Schulbehörde)
die Oberstufe	9.-12./13. Schuljahr, Sekundarstufe II
die Unterstufe	5.-8. Schuljahr, Sek. I

Mit dem Ruf der Schulen und ihrer Lehrkräfte steht es in Österreich leider nicht zum Besten. Vielen Lehrerinnen und Lehrern, die übrigens niemals *Penner* oder *Pauker* genannt werden, wird ein Übermaß an Ferien vorgeworfen. Von den Medien werden sie höchstens mit einem Vierer oder Fünfer benotet.

Grundsätzlich geht man in Österreich nicht „zur" Schule oder „aufs" Gymnasium, sondern tatsächlich hinein, *also* in die Schule *und* ins Gymnasium. *Ob deswegen gescheitere Kinder herauskommen? Wer weiß!*

Schulnoten werden mit Artikel genannt: der Einser, der Zweier, usw. Der Fünfer heißt umgangssprachlich auch: der Fleck, der Pinsch oder der Fetzen. Sechser gibt es nicht.

Da kann es am Ende des Schuljahrs schon passieren, dass man wegen eines Nachzipfs *(einer Nachprüfung)* den Sommer über lernen muss, um die Wiederholungsprüfung, also *die Aufstiegsprüfung* am Beginn des nächsten Schuljahres zu schaffen. Tut man das nicht, wird man zum Repetenten, der nicht aufsteigt *(versetzt wird)* und sitzen bleiben muss. Da kann man nur hoffen, dass einem im nächsten Schuljahr der Knopf aufgeht *(der Knoten platzt)* und man nicht allzu oft auf der Seife *(auf der Leitung)* steht.

das Beiwagerl *(ugs.)*	Referendar /-in, Lehrer /-in im 1. Jahr
die Federschachtel / das Federpennal	das Federmäppchen
einsagen	vorsagen
das Hakerl	das Häkchen
die Hausübung	die Hausaufgabe
der Klassenkasperl	der Klassenclown
der Klassenvorstand	der Klassenlehrer
das Konferenzzimmer	das Lehrerzimmer

der Schwindelzettel / Schummelzettel	der Spickzettel
die Schularbeit	die Klassenarbeit
der Schulausflug / die Schullandwoche	die Klassenfahrt
der Schulgegenstand	das Schulfach
die Schulnachricht	das Halbjahreszeugnis
die Schultasche	der Schulranzen
supplieren	vertreten
der Vorzug	besondere Auszeichnung
der Zwickeltag / Fenstertag	der Brückentag

Im mehrheitlich katholischen Österreich steht im Zeugnis immer noch Religion an erster Stelle, selbst wenn es – wie Geografie, Leibesübungen *oder* Bildnerische Erziehung *– nicht zu den* Hauptgegenständen *(Hauptfächern) zählt.*

Schon als Taferlklassler *(Schulanfänger)* wird einem eingeimpft: Wer immer brav aufzeigt *(sich meldet)* und keine Papierfuzerl *(kleine Papierstücke)* herumschießt, kriegt als Betragensnote *(Kopfnote)* ein „sehr zufriedenstellend", so dass sich die Eltern beim Blick ins Zeugnis nicht schrecken *(erschrecken)*.

Lehrpersonen werden übrigens in Österreich ab der Unterstufe meist mit Frau Professor bzw. Herr Professor angesprochen.

Ich bring die Hausübung nicht zusammen.
Ich kriege die Hausaufgaben nicht hin.

Bis heute haben wir die Beistrichübung aufgehabt.
Aufgabe zu heute war eine Übung mit Kommas.

Leider hapert's bei ihm bei der Schlussrechnung.
Leider hapert's bei ihm am Dreisatz.

Endlich hab ich's überrissen: Ruf(e)zeichen und Strichpunkt sind nicht ident!
Endlich hab ich's geschnallt: Ausrufezeichen und Semikolon sind nicht identisch!

Sollen wir da ein Hakerl machen oder alles einringeln?
Sollen wir hier ein Häkchen machen oder alles einkreisen?

(= ich habe nichts verstanden, darum lerne ich einfach alles auswendig)

Ich hab keinen wirklichen Tau, drum radel ich einfach alles runter.
Ich habe keinen blassen Schimmer, deshalb leiere ich einfach alles herunter.

Unser Mathematikprofessor ist ein voller i-Tüpferl-Reiter.
Unser Mathelehrer ist ein richtiger Korinthenkacker.

Studium: Spundus vor der Sponsion

Entschließt man sich für eine akademische Laufbahn und geht man zum ersten Mal auf die Uni *(zur Uni)*, muss man immatrikulieren und inskribiert *(schreibt sich ein)* für ein bestimmtes Studienfach. Dabei bekommt man eine Matrikelnummer verpasst, die einem ein Leben lang gehört – egal ob man mehrere Studien an verschiedenen Unis durchführt.

Wie auch teilweise in anderen Ländern ist in Österreich die akademische Viertelstunde üblich. Je nachdem, wie oft man eine Vorlesung spritzt *(auslässt, schwänzt)*, in Cafés herumstrawanzt *(sich herumtreibt)* oder sein Skriptum vernudelt *(Skript zerknittert)* und verschlampt: irgendwann sollten dann doch alle Prüfungen *(Examen)* bestanden sein und es winkt – sofern man ein Bachelor-, Diplomingenieurs- oder Masterstudium absolviert hat – die Sponsion, also die Verleihung des akademischen Titels. Als Dissertant *(Doktorand)* ist man dann auf dem besten Weg zur Promotion, der Verleihung des Doktortitels. Garant für einen guten Posten *(Job)* ist das aber leider nicht!

Gegen den Ansturm von Medizinstudierenden aus Deutschland, die dem dortigen *numerus clausus* entfliehen möchten, hat sich ein unbekannter, leicht gfeanzter *(gemeiner)* Österreicher den numerus austriacus medicinalis ausgedacht. Recherchieren Sie doch mal, was dahinter steckt und freuen Sie sich, dass er für Sie – nach Lektüre dieses Büchleins kein Problem mehr sein sollte!

Die Zensur *bezieht sich in Österreich übrigens nie auf die schulische oder universitäre Leistungsbeurteilung, sondern meint immer nur die strenge Kontrolle von Druckwerken, Filmen usw. – heute weniger relevant als noch zu Zeiten Metternichs.*

Das liebe Geld: Her mit der Marie!

Für den Geldschein sagt man umgangssprachlich auch **Fetzen**, *doch Vorsicht, denn dieser Ausdruck bezeichnet neben dem „Putzlappen" auch abfällig ein „Kleidungsstück", den „Führerschein" (wie in Deutschland der „Lappen"), eine schlechte Schulnote oder einen mordsmäßigen Rausch!*

Widmen wir uns nun **der Marie, den Maxen** oder **dem Gerstl** (alle in etwa: *Zaster, Knete, Pinke Pinke*). Braucht der Österreicher **ein Geld** (meist mit unbestimmtem Artikel), kann er dieses am **Bankomat** (*Geldautomat*) mit seiner **Bankomatkarte** (*EC-Karte*) abheben oder es sich bei irgendwem **ausborgen** (*ausleihen*). Was er dann in den Händen hält, ist seit Einführung des Euro das Gleiche wie das seines sprachlichen Cousins jenseits der nördlichen Grenze. Doch ähnlich wie so mancher Deutsche und seine D-Mark hat auch der Österreicher noch ab und zu nostalgische Gefühle, wenn er an seinen geliebten Schilling denkt, und auch heute sagt man häufig ganz allgemein **Ich hab keinen Groschen!** *(Ich habe keinen Pfennig!)*, wenn man in seine leere **Geldtasche** oder **Brieftasche** (statt *Geldbörse* oder *Geldbeutel*) schaut.

Besonders im Osten der Republik ist man – politisch inkorrekt – dann **neger** (*pleite*) oder ein **Negerant** *(Pleitegeier)*. Wird das zum Dauerzustand, sollte man um **Notstandshilfe** (etwa wie *Hartz IV*) ansuchen, um nicht zum **Sandler** *(Obdachlosen)* zu werden. Oder man versucht's besser mit einem **Lottosechser** (*Sechser im Lotto*) – in Österreich übrigens immer aus 45 und nicht 49. Im letzteren Fall – also wenn man wider Erwarten so richtig **gestopft** (ugs. für *reich*) ist – stellt sich wiederum die Frage, wie man das Bare veranlagt *(anlegt)*, immerhin gilt Österreich schon lange nicht mehr als Steuerparadies! Klar, die Zehnerl (10-Cent-Stücke), Zwanzgerl (20-Cent-Stücke) und Fuffzgerl (50-Cent-Stücke) kommen in die Sparkassa *(Sparbüchse, Sparschwein)*, denn nur so wird man zum erfolgreichen Sparefroh *(sparfreudige Person)*. Und weil Österreich mehrheitlich katholisch ist, feiert man am 31. Oktober nicht den Reformationstag, sondern den Weltspartag und bringt sein Gerstl auf die Bank.

Das aus dem Französischen entlehnte „Portemonnaie“ ist in Österreich selten, wird aber im Gegensatz zu „Geldbörse“ und „Geldbeutel“ nicht zwangsläufig mit bundesdeutschem Deutsch assoziiert.

Foto: Lukas Mayrhofer

„Zum Abheben bitte nach links gehen!“ Wegweiser zu einem österreichischen Geldautomat.

der Einziehungsauftrag	die Einzugsermächtigung
der Erlagschein	die Zahlkarte, der Einzahlungsschein (auch auf der Post)
das Körberlgeld	kleines Zusatzeinkommen
die Lustbarkeitssteuer	die Vergnügungssteuer
das Nominale	der Nennwert, der Nominalwert
Spenden lukrieren	Spenden gewinnbringend erzielen
das Steuerzuckerl	die Steuerbegünstigung
die Verlassenschaft	der Nachlass (z. B. bei einer Erbschaft)
die Weihnachtsremuneration	das Weihnachtsgeld
das Wochengeld	das Mutterschaftsgeld

Gar nicht klass *(toll)* ist es, wenn man sein Geschäft notgedrungen auflassen *(auflösen)* muss – möglicherweise wegen einer fahrlässigen Krida (betrügerisch herbeigeführte Zahlungsunfähigkeit). Dann kann man nur noch hoffen, dass man mit dem Masseverwalter *(Insolvenzverwalter)* in Ausgleich gehen *(einen Vergleich schließen)* kann, denn sonst kommt der Exekutor *(Gerichtsvollzieher)* und pickt *(klebt)* den Kuckuck auf alles, was nicht angebunden *(niet- und nagelfest)* ist. Na Servus!

Die Medien: Waschblattl und Patschenkino

Die österreichische Medienlandschaft ist gewissermaßen einzigartig in der EU, denn für seine relativ kleine Bevölkerungsgröße weist das Land nicht nur eine interessante Vielfalt auf, sondern auch eine geradezu einmalig uneinheitliche Verteilung. Dies wird besonders bei der Tagespresse deutlich, denn von knapp 8,6 Millionen Österreicherinnen und Österreichern lesen sage und schreibe durchschnittlich 2,3 Millionen (32 %) die Kronen Zeitung, die es niveaumäßig mit der Bild-Zeitung aufnehmen kann und somit eher in die Kategorie Waschblatt *(Boulevardblatt)* fällt.

Die Fernsehlandschaft ist hingegen noch relativ überschaubar, so verfügt die öffentlich-rechtliche Fernsehanstalt Österreichs ORF vorrangig über zwei nationale Hauptsender, die man Einser und Zweier nennt, weiters den Kultursender ORF III sowie einen Sportkanal. Seit Dezember 1995 gibt es in Österreich auch Privatfernsehen. Die wichtigsten Sender sind ATV, Puls4 und Servus TV. Doch wie eingangs erwähnt, erfreuen sich speziell die deutschen Kanäle mittlerweile größter Beliebtheit und bilden in österreichischen Haushalten die Mehrheit der zu empfangenden Programme.

Gerade ältere Leute bezeichnen die nationalen Fernsehsender noch ab und zu als FS1 *und* FS2.

Auch im Radio gibt der ORF mit überregionalen und lokalen Programmen, darunter speziell Ö1, Ö regional und Ö3 im wahrsten Sinne den Ton an, doch finden sich seit 1998

Die Mediengruppe Mediaprint, die u. a. die Tageszeitungen Kronen Zeitung und Kurier als auch die Wochenzeitschriften profil, NEWS und Format herausbringt, gilt als bedeutender, wenn auch umstrittener Stimmungsmacher in der nationalen Tagespolitik. Immerhin können Wortspenden *(politische Meinungen, öffentliche Äußerungen) auch in Österreich gewaltig polarisieren.*

auch reichlich Privatsender, wie z. B. Krone-Hit, Radio Arabella, Life Radio oder Antenne Steiermark.

Ist die Sendung fad! Schalt einmal auf den Einser, bitte.
Die Sendung ist aber langweilig. Schalte bitte mal ins erste Programm!

Auch im Fernsehen gilt, dass Abkürzungen bei Sendungen à la *DSDS* oder *GZSZ* in Österreich nicht üblich sind. Kennen sollte man allerdings die GIS (= Gebühren Info Service, der die Rundfunkgebühr erhebt), wenn man ohne offizielle Anmeldung die ZIB (Zeit im Bild) schaut, wie das Pendant zum deutschen *heute Journal* bzw. der *Tagesschau* heißt. Auf die ZIB folgen allabendlich die Seitenblicke, also Kulturnachrichten aus der Welt der Politiker, Stars und Starlets sowie zahlreicher Adabeis *(Trittbrettfahrer der feinen Gesellschaft, Snobs)*, die man in der Umgangssprache entsprechend gerne als Seitenblickegesellschaft (in etwa: *Bussi-Bussi-Gesellschaft)* zusammenfasst. Diejenigen, die sich als Teil der Letzteren sehen, werden im Volksmund abfällig als G'spritzte (*Schnösel)* oder G'schleckte *(Lackaffen*) tituliert.

Geh, drehen wir ab, da kommen eh nur Belangsendungen!
Lass uns ausmachen, da kommen sowieso nur politische Werbesendungen!

Das Wetter: Wie hamma's heute?

Der Wetterbericht (eher als die *Wettervorhersage*) bestimmt für viele den folgenden Tagesablauf. Blöd nur, wenn es draußen herbstelt *(herbstet)*, saukalt *(tierisch kalt)* ist und wie aus Schaffeln schüttet *(wie aus Kannen gießt)*. Trösten Sie sich, denn es könnte ärger *(schlimmer)* sein. Solang man am Auto kein Eis scheren *(Eis kratzen)* muss, die Straßen noch nicht eisig *(vereist)* sind, man nicht zum Schnee scheren (*Schnee schaufeln*) verdammt ist und es nicht wie narrisch teufelt *(einen ungeheuren Schneesturm gibt)*, passt doch eh alles.

Meteorologisch einzigartig ist der Schnürlregen, ein feiner, meist nur in den Sommermonaten vorkommender Regen, der wie in Schnüren vom Himmel in der Mozartstadt fällt. Der Salzburger Schnürlregen ist eine wirklich unverkennbare Erscheinung, der örtliche Fremdenführer sogar eine eigene Themenführung widmen!

Auweh! Es hat 12 Grad, und sie haben Schnürlregen angesagt.
Oje! Es sind 12 Grad, und sie haben feinen Regen vorhergesagt.

Bald sind eh die Eismänner, und danach wird's meistens bacherlwarm.
In Kürze sind ohnehin die Eisheiligen, und dann wird es meist richtig warm.

Die Eismänner *(Eisheiligen) enden offiziell am 15. Mai mit dem* Kalten Sopherl, *der „Kalten Sophie".*

Politik: Von Landeshauptmännern und Klubobfrauen

Die Namen der neun Bundesländer lauten: Burgenland, Kärnten, Niederösterreich, Oberösterreich, Salzburg, Steiermark, Tirol, Vorarlberg und Wien.

Österreich ist eine föderale, parlamentarisch-demokratische Republik, dessen Staatsoberhaupt der Bundespräsident ist und in der die Gesetzgebung auf Bundesebene vom Nationalrat und vom Bundesrat gemeinsam ausgeübt wird. Im Nationalrat sitzen 183 gewählte Mandatare *(Abgeordnete)*, die sich je nach Parteizugehörigkeit in Klubs *(Fraktionen)* organisieren, die jeweils von einem Klubobmann oder einer Klubobfrau *(Fraktionsvorsitzende/r)* geleitet werden. Jede Partei hat ihrerseits einen Parteiobmann oder eine Parteiobfrau *(Parteivorsitzende/r)*, die innerparteilich gewählt werden. Das regierende Parteienbündnis stellt den Bundeskanzler als auch die Minister und Ministerinnen. Der Bundesrat hat 61 Sitze und wird von den Landtagen *(Parlamenten)* der neun Bundesländer, abhängig von der jeweiligen Bevölkerungszahl, beschickt *(gestellt)*. Jedes Bundesland hat einen Landeshauptmann bzw. eine Landeshauptfrau *(Ministerpräsident/in)* sowie Landesräte *(Minister)*, die vom ebenfalls gewählten Landtag ernannt werden, und unterteilt sich in Statuarstädte *(Stadtgemeinden)* oder Bezirke, denen ein sog. Bezirkshauptmann vorsteht.

Ein Blick in die österreichische Presse verrät sehr schnell, dass die meisten staatlichen Institutionen des Landes Bezeichnungen haben, die sich grundlegend von denen in Deutschland oder der Schweiz unterscheiden.

Die wichtigsten darunter sind:

das Bezirksgericht	das Amtsgericht
die Bezirks-hauptmannschaft	die Bezirksregierung, das Landratsamt, die Kreisverwaltung
das Landesgericht	das Landgericht
der Nationalrat	der Bundestag
der Oberste Gerichtshof (OGH)	der Bundesgerichtshof
der Verfassungs-gerichtshof	das Bundes-verfassungsgericht
der Verwaltungs-gerichtshof	das Bundes-verwaltungsgericht

Die (bundes-)deutschen „Übersetzungen“ stimmen natürlich nur oberflächlich, da nicht automatisch alle Institutionen in Österreich die gleichen Aufgaben übernehmen wie ihre bundesdeutschen oder Schweizer Entsprechungen.

Auch in Österreich wird Politikern nicht selten Freunderlwirtschaft *(Vetternwirtschaft)* oder Packelei *(Klüngel, Kungelei)* vorgeworfen. Kein Wunder, dass so manche Einheimische den immer wiederkehrenden Wahlzuckerln *(„Wahlbonbons“ = Wahlversprechen)* schon lange nicht mehr trauen, weshalb man erst gar nicht wählen geht oder die Wahlkarte *(Wahlschein)* gleich ungeschaut *(ungesehen)* in den Mistkübel haut *(Mülleimer wirft)*.

Kommt eine Affäre ans Licht, wird schon mal ein Volksanwalt eingeschaltet, ein vom Nationalrat bestellter *Ombudsmann,* der wieder Recht und Ordnung herstellen soll, wie z. B. im Fall von Umweltskandalen, Pflegemissständen oder ähnlichem. Beim gigantischen Hypo-Alpe-Adria-Skandal reicht ein Volksanwalt aber nicht mehr aus.

Dahoam is dahoam!

Mit dem Schimpfwort G'scherter *betiteln Wiener gern die provinziellen „Landeier" aus den Bundesländern, während dort ein flegelhafter Hauptstädter z. B. wegen stürmischer Fahrweise als* g'scherter Weaner *(Wiener) gilt. Da soll sich einer auskennen!*

Wer mit Einheimischen spricht, wird im ländlichen Raum auf Dialekt treffen und vielleicht wenig verstehen. Mit ein bisschen gutem Willen beiderseits sollte die Verständigung aber hinhauen *(klappen)*. Dies gilt nicht nur für ausländische Gäste. Auch so mancher Zuagroaste *(Zugereiste)* muss sich erst an die ortsüblichen Gepflogenheiten und Ausdrücke gewöhnen. Der Zuagroaste ist keineswegs eine Person mit Migrationshintergrund; es reicht schon, wenn man nur von einer Gemeinde in die nächste umzieht.

Auf dem Land und in den Bergen

ackern	pflügen
der Adel	die Jauche, die Gülle
der Heustadel	die Scheune
das Joch	altes, noch übliches Flächenmaß (5700 m²)
die Keusche	kleines, ärmliches Bauernhaus
der Klapotetz *(südösterr.)*	großes Windrad mit Klapperfunktion
das Kukuruzfeld	das Maisfeld
das Stadelfest	das Scheunenfest

A g'mahte Wies'n, *also eine gemähte Wiese, kann es übrigens – unabhängig von der Landschaft – im Österreichischen überall geben. So sagt man nämlich, wenn man schon im Vorhinein weiß, dass sich etwas leicht bewältigen lässt.*

Da stinkt's gewaltig. Muss der Bauer akkurat jetzt adeln?
Hier stinkt's gewaltig. Muss der Bauer ausgerechnet jetzt Dung ausbringen?

Pack deine sieben Zwetschken, wir gehen Schwammerl brocken!
Pack deine Siebensachen, wir gehen Pilze sammeln!

Auf der Leiten sind gestern Herrenpilze gestanden.
Am Abhang haben gestern Steinpilze gestanden.

Das neue Heindl geht sehr gut zum Unkrautausreißen.
Die neue Hacke eignet sich sehr gut zum Jäten.

Kruzifix! Jetzt habe ich mir einen Schiefer beim Holzschlichten eingezogen!
Verdammt! Jetzt habe ich mir beim Aufstapeln einen Splitter eingezogen!

das Eichkatzerl	das Eichkätzchen
das Eierschwammerl	der Pfifferling
die Einschicht	die Abgeschiedenheit
der Gatsch	der Matsch
die Gelse	die Stechmücke
das Hendl	das Huhn
der Holler	der Holunder
das Kriecherl	die Ringlotte, Reneklode
die Lacke	die Pfütze
die Leite(n)	der Abhang, die Halde
pecken	picken
die Ribiselstaude	der Johannisbeerstrauch
das Schwammerl	der Pilz
der Herrenpilz	der Steinpilz
zelteln	zelten
die Buckelkraxe	Rückentrage
die Hacke	das Beil, die Axt
der Hackstock	der Hackklotz
der Krampen	die Spitzhacke

Wer mit einer Fischerkarte *(Angelschein) in einem der vielen Seen* fischt *(angelt), kann vielleicht am Ende sagen: „Ich hab' ein paar* fette Wascheln *(ordentliche Brocken) erwischt!"*

Typisch am Land *sind* Marterl *(Bild- oder Heiligenstöcke) sowie kleine Kapellen am Wegrand.*

der Rechen	die Harke
die (Sack-)Rodel	die Sackkarre
die Scheibtruhe	die Schubkarre
das Taschenfeitel	das Taschenmesser
die Waschrumpel	das Waschbrett
das Schneeglöckerl	das Schneeglöckchen
der Märzenbecher	die Osterglocke
die Zyklame	das Alpenveilchen

Wenn vom Almrausch *die Rede ist, meint man nicht den Zustand nach zu heftigem Alkoholkonsum am Berg, sondern die rosarot blühende Alpenrose.*

Wenn's aper *(schneefrei)* ist, kann man als Bergfex *(begeisterter Bergsteiger)* seinem Hobby frönen. Da kann man mit dem Feldstecher oder Ferngucker *(Fernglas)* durchaus die eine oder andere Gams *(Gämse)* beim Kraxeln *(Klettern)* beobachten. Glücklich auch, wer sich eines Gamsbarts, eines dekorativen Büschels aus Rückenhaaren der Gämse am Steirerhut *(steirischem Trachtenhut)* rühmen kann. Da kann man gleich mit einem Stamperl Enzian *(einem Schnapsglas mit Klarem aus der Enzianwurzel)* anstoßen – oder, wenn's kalt ist, mit einem Jagertee (Tee mit Schnaps).

Foto: Daniel Krasa

Auf dem Weg zum Dach der österreichischen Welt: die Großglockner Hochalpenstraße

Unterwegs in Österreich

Will man als Autofahrer schnell durch Österreich, kommt man an der Vignette für die Autobahnen nicht vorbei. Achtung aber, wenn Sie angasen *(auf die Tube drücken)*: auf Autobahnen gelten maximal 130 km/h, auf Landstraßen 100 km/h und innerstädtisch 50 km/h als Geschwindigkeitsbeschränkung. Die Straßen sind gut ausgebaut, so dass die Gefahr gering ist, sauber durchgebeutelt *(ordentlich durchgeschüttelt)* zu werden. Doch wer am Land unterwegs ist, muss damit rechnen, dass er ein Hendl zusammenfährt *(ein Huhn überfährt)* oder ein Zusammenstoß mit einem Reh für einen ordentlichen Tuscher *(Bums)* und folglich eine Havarie *(einen KFZ-Schaden)* sorgen kann.

Sollte Sie einmal ein Kiberer rechts ranwacheln, also ein *Polizist rechts ranwinken*, müssen Sie ein Pannendreieck *(Warndreieck)* mit sich führen und Ihr Wagen mit Pickerl *(TÜV-Plakette)* bestückt sein, sonst droht eine Strafe *(Bußgeld)*.

Bei Pannen helfen der ÖAMTC *(Rufnummer: 120) oder der* ARBÖ *(Rufnummer: 123). Die anderen Autofahrer bilden hoffentlich in der Zwischenzeit die vorgeschriebene Rettungsgasse.*

der Anrainerverkehr	der Anliegerverkehr
der Autobahnknoten	das Autobahnkreuz
das Folgetonhorn	das Martinshorn
die Leitschiene	die Leitplanke
die Maut	auch: Mautstelle, wo Maut bezahlt wird
der Nachrang	Pflicht zur Gewährung der Vorfahrt

Im österreichischen Verkehrsfunk wird durchschnittlich einmal pro Tag vor einem Geisterfahrer *(Falschfahrer) gewarnt. Für ein kleines Land wie Österreich nicht ohne!*

die Organstrafverfügung	das Strafmandat
der Pannenstreifen	der Standstreifen, die Standspur
der Patschen	der Platten
der Randstein	der Bordstein
der Rastplatz	die Raststätte
die Raststation	die Autobahnraststätte
der Retourgang	der Rückwärtsgang
der Schranken	die Schranke
die Sperrlinie	die Sicherheitslinie, Fahrbahnbegrenzung
die Umfahrung, Umfahrungsstraße	die Umgehungsstraße
zurückschieben *(ugs.)*	zurücksetzen

Die Rettung hat immer Vorrang.
Die Ambulanz hat immer Vorfahrt.

Heute geht's aber zu!
Heute ist aber viel los (auf den Straßen)!

Vis-à-vis vom Schranken kannst du reversieren.
Gegenüber der Schranke kannst du wenden.

Mein Auto braucht das Pickerl.
Mein Auto muss zum TÜV.

Gott sei Dank haben wir ein Speibsackerl mit.
Zum Glück haben wir eine Kotztüte dabei.

Foto: Daniel Krasa

Straßenbahnen gibt es in Wien, Graz, Linz, Innsbruck und in Gmunden am Traunsee. In Wien und Graz nennt man sie auch die Bim. Über ein U-Bahn-Netz verfügt nur Wien, dafür gleich mit fünf Linien!

Bitte sich festzuhalten!
Mit der Bim durch Graz

Und wer in Österreich mit den Öffis (öffentliche Verkehrsmittel) unterwegs ist und umsteigen muss, sollte nach der richtigen Anbindung fragen, denn der Begriff „Anschluss" wird noch heute vor allem im politischen Sinne – als der Anschluss Österreichs an Nazideutschland im Jahre 1938 – verstanden. Kein Wunder, dass das auf beiden Seiten zu Irritierungen *(Irritationen)* führen kann.

Mehr dazu im reizenden Buch: „Café Anschluß: Als Österreicher unter Deutschen" von Michael Ziegelwagner (erschienen bei Atrium Zürich).

Der Bau von Radwegen wird stark forciert und immer mehr schwingen sich aufs Radl *(Fahrrad)* – eventuell mit dem angeblich aus der Wachau stammenden Schlager „Ja, wir san mit'm Radl da" auf den Lippen.

der Fußgeher	der Fußgänger *(auch in Österreich)*
der Gehsteig / das Trottoir	der Bürgersteig
der Radlfahrer / der Radler *(ugs.)*	der Radfahrer
das Schinakel	kleines Ruderboot
der Schutzweg	der Fußgängerübergang

Die ÖBB fahren die Strecke heute außertourlich hin und retour.
Die Österreichischen Bundesbahnen fahren die Strecke heute außerplanmäßig hin und zurück.

Bezeichnet man Ihr Auto als Tschesn *oder* Kraxn *(beide in etwa „Karre"), ist damit gemeint, dass es wohl schon bessere Zeiten gesehen hat.*

Beim Unfall mit der Bim hat es mir das Auto ziemlich eingedepscht.
Bei dem Unfall mit der Straßenbahn wurde mein Auto ziemlich eingebeult.

Weil das Wegerl so gatschig gewesen ist, ist das Radl voll dreckig geworden.
Weil der Pfad so matschig war, wurde das Fahrrad ganz schmutzig.

Kleidung und Shoppen: Ein fesches Gewand

Wenn Herr oder Frau Österreicher mal Zeit hat, sich neue Klamotten zu kaufen, wird er oder sie wohl ausrufen: Heute komme ich endlich dazu, mir ein neues Gewand zu leisten!

Gehen wir mal davon aus, dass beim Geschäft am Eck *(im Laden an der Ecke)* aber grad Abverkauf *(Ausverkauf)* ist. Dann kann man endlich eine neue Jean *(neue Jeans)* kaufen, weil bei der alten das Hosentürl *(der Hosenschlitz)* klemmt und der Hosensack *(die Hosentasche)* ein Loch hat. Aber bitte aufpassen, dass einem nix angedreht *(aufgeschwatzt)* wird!

Wenn Österreich gegen Deutschland im Fußball kein Leiberl reißt *oder* kein Leiberl hat, *bedeutet das nicht, dass die Österreicher kein Trikot tragen, sondern wohl eher, dass sie keinen Erfolg haben werden. Zumindest bis zur Neuauflage von Córdoba.*

das Gilet	ärmellose Weste
die Haube	die Wollmütze
das Kapperl	die Kappe, die Mütze
Klapperl	Sandalen (meist mit hölzerner Sohle)
das Leiberl	das Shirt
das Mascherl	die Fliege
das Ruderleiberl	ärmelloses T-Shirt
die Schnürlsamthose	die Cordhose
Stutzen	Kniestrümpfe
das Unterleiberl	das Unterhemd
der Zipp	der Reißverschluss

Den Pullover muss man separat waschen, sonst kriegt er lauter Wuckerl.
Den Pulli muss man extra waschen, ansonsten wird er fusselig.

Ob der Begriff Untergatte *(Unterhose) von „des Gatten Hose" oder doch vom alten ungarischen Wort „gatya" (Unterhose) kommt, sei dahingestellt. Die ältere Generation benutzt ihn durchaus noch!*

Wenn ich das Kapperl aufhabe, sieht man mein Peckerl hinterm Ohr nimmer.
Wenn ich die Mütze trage, sieht man meine Tätowierung hinter dem Ohr nicht mehr.

Das Wort Dirndl *hat neben der Bezeichnung für „Trachtenkleid" und „Mädchen" – übrigens noch eine dritte Bedeutung und bezeichnet die Kornelkirsche.*

Die Schuhschachtel mit den Goiserern passt ja gar nicht ins Schuhkastl!
Der Schuhkarton mit den genagelten Bergschuhen passt ja gar nicht in den Schuhschrank!

Ich hab einen Knopf im Schuhbandl.
Ich hab einen Knoten im Schnürsenkel.

Wer Trachten mag, hat mehrere Möglichkeiten, sich aufzumascherln *(aufzubrezeln):* ein fesches Dirndl *(hübsches Trachtenkleid)* und vielleicht sogar eine Goldhaube *(goldbestickte Trachtenhaube)* für die Dame und eine Krachlederne mit Janker *(Lederhose mit Trachtenjacke)* für den Herrn.

Dirndlkleider haben wieder Hochkonjunktur – nicht nur im Bergland.

Foto: Lukas Mayrhofer

Wohnen: Zimmer, Kuchl, Kabinett

Von den insgesamt fast 8,5 Millionen Einwohnern wohnt circa ein Drittel in den zehn größten Städten. Ein wichtiger, landläufiger Grundsatz bei der Unterscheidung von Wohnhäusern: Was vor dem Ende des Zweiten Weltkriegs gebaut wurde, gilt als Altbau, alles danach als Neubau. In Altbauten in Innsbruck oder Wien wird aber so mancher vor den Kopf gestoßen, wenn er in den 2. Stock will und dabei gefühlte vier Stockwerke zu überwinden hat, sprich hinaufhatschen *(rauflaufen)* muss.

Die Bauordnung zu Zeiten der Monarchie zog nicht die tatsächlichen Meter, sondern die Anzahl der Stockwerke in Betracht, nach der eine eigene Stockwerksteuer zu entrichten war. Durch Einfügen eines oder mehrerer Halbstöcke konnte man diese geschickt umgehen und ein offiziell dreistöckiges Haus preisgünstig in die Höhe wachsen lassen. Nicht jedes Haus hat aber die gleiche Anzahl an Halbstöcken und Stockwerken. Da kann's mal so gehen: Parterre, Hochparterre, Mezzanin, 1. Stock usw., oft fällt das Hochparterre auch weg.

das (Wohn-)Objekt	Gebäude
das Parterre / das Erdgeschoß	das Erdgeschoss
der / das Mezzanin	Halbstock, zwischen Erdgeschoss und 1. Stock
das Hochparterre	Halbstock, zwischen Mezzanin und Erdgeschoss
das Kabinett	kleines Zimmer
der Kamin / der Rauchfang	der Schornstein
der Meldezettel	polizeiliche Anmeldebestätigung
das 1. Obergeschoß	Halbstock zwischen Mezzanin und 1. St.
die Oberlichte	obere Fensterflügel

der Plafond	die Zimmerdecke
die Revitalisierung	die Wiederbelebung eines Gebäudes oder ganzen Stadtviertels (Sanierung)
die Speis	die Speisekammer
das Stiegenhaus	das Treppenhaus
das Abstellkammerl/ Besenkammerl	kleiner Abstellraum
der Dachboden	der Speicher
der Gang	der Korridor

Im Parterre haben sie einen delogiert.
Im Erdgeschoss wurde jemand zum Ausziehen gezwungen.

Zu meiner Garçonnière im Mezzanin muss ich nicht so viele Stiegen steigen.
Zu meiner Einzimmerwohnung im Halbstock muss ich nicht so viele Treppen hochlaufen.

Der Lift geht leider grad nicht und das Licht im Vorhaus ist auch hin.
Der Fahrstuhl funktioniert leider im Moment nicht und das Licht im Hausflur ist auch kaputt.

Wer nicht im Gemeindebau *(gemeindeeigenen Wohnhaus)* oder sonstwo eine generalsanierte *(komplett renovierte)* Wohnung bekommt, sondern unter die Häuslbauer *(Erbauer eines Eigenheims)* geht, kann seinen Bausparer *(Bausparver-*

trag) sinnvoll einsetzen und nach der Gleichenfeier *(dem Richtfest)* hoffentlich bald ins eigene Haus übersiedeln *(umziehen)* – sofern bei der Kollaudierung, der amtlichen Abschlussprüfung eines Neubaus, alles passt. Dann gilt: Will man ins traute Heim, muss man aufsperren *(aufschließen)*, verlässt man's wieder, wird zugesperrt *(abgeschlossen)*. Gibt's dabei Probleme, ruft man den Aufsperrdienst *(Schüsseldienst)*.

die Abwasch	die Spüle
der Allibert	Spiegelschrank (Bad)
das Blumenkisterl	der Blumenkasten
der Eiskasten *(ostösterr.)*	der Kühlschrank
das Fensterbankerl	das Fensterbrett
der Herrgottswinkel	Zimmerecke mit Kruzifix (in religiösen Haushalten)
der Kasten	der Schrank
die Klomuschel	das WC-Becken
der Luster	der Lüster, Kronleuchter
der Mistkübel	der Mülleimer
das Nachtkasterl	der Nachttisch
das Rohr	der Backofen, die Backröhre
Schlapfen	Pantoffel
der Schubladkasten	die Kommode
der Sessel	der Stuhl
der Fauteuil	der (Polster-)Sessel
die Sitzgarnitur	die Sitzgruppe
das Stockerl	der Hocker
die Waschmuschel	das Waschbecken

Das stille Örtchen ist daheim das Klo. *Bei einem dringenden Bedürfnis im Restaurant oder in öffentlichen Gebäuden muss man nicht unbedingt nach dem „WC" oder der „Toilette" fragen. Auch die Frage nach dem „Klo" ist angemessen und wird nicht als derb verstanden. Danach auf alle Fälle immer* runterlassen *(die Spülung betätigen)!*

Stell das dreckige Reindl bitte derweil in der Kuchl auf die Kredenz.
Stell bitte die schmutzige Auflaufform in der Zwischenzeit in der Küche auf die Anrichte.

Könntest du mir bitte die Blumen am Fensterbankerl spritzen?
Kannst du bitte die Blumen auf dem Fensterbrett gießen?

Wo sind denn meine Hausschlapfen?
Wo sind bloß meine Hauspantoffeln?

Gar nicht leicht auszusprechen! Zur sicheren Aufbewahrung wird umgangssprachlich manches einpapierlt *(in Papier gewickelt), und wer Verlorenes sucht,* stierlt *(stöbert) schon mal in der* Kramuri *(Krimskrams) herum.*

Beim ersten Dreckwuze(r)l, einer schmutzigen Fluse, oder gar einem Lurch im Eck *(Wollmaus in der Ecke)* wird erst einmal gescheit geputzt. Also: gemmas an *(packen wir's an)!*

abwaschen	spülen
ausbeuteln	ausschütteln
(aus-)weißeln	tünchen
den Boden (auf)wischen	schrubben
der Fliegenpracker	die Fliegenklatsche
den Holzboden einlassen	den Holzboden (ein-)wachsen
die Karniese	die Gardinenleiste
die Kluppe / das Klupperl	die Wäscheklammer
der Kübel	der Eimer
das Leintuch	das Bettlaken
der Lurch	die Wollmaus

der Mist	der Müll
der Polster	das Kissen
der Putzfetzen	der Putzlappen
das Schaffel	der Zuber, Bottich
die Türschnalle	die Türklinke
der Überwurf	Zierdecke für Sofa oder Bett
der Vorhang	die Gardine
der/das Wettex	das Schwammtuch
zusammenkehren	(auf)fegen

Jessas, da schaut's aber aus!
Mann, hier ist aber eine Unordnung!

Bei diesem Dreck tun es ein Bartwisch und eine Schaufel nicht.
Bei diesem Dreck reichen Handfeger und Schaufel nicht aus.

Nimm bitte einen gescheiten Fetzen her, wenn du das Klo putzt!
Verwende bitte einen ordentlichen Lappen beim Reinigen der Toilette!

Ich klopf den Fleckerlteppich mit dem Pracker aus.
Ich klopf den Flickenteppich mit dem Teppichklopfer aus.

Die Tuchent gehört frisch überzogen.
Das Federbett muss neu bezogen werden.

Kontakte: Auf einen Sprung vorbeigeschaut

Nicht vergessen, es heißt Kaffee und nicht Kaffee!

Pünktlich zu sein gilt als höflich; ein paar Minuten Verspätung sind aber im privaten Rahmen meistens kein großes Problem, so dass 5-10 Minuten anstandslos toleriert werden. Denn auch hier gilt der österreichische Grundsatz: Nur nicht hudeln!

Egal ob man sich auswärts trifft oder bei jemandem daheim auf einen Sprung vorbeischaut *(eine Stippvisite macht):* In Österreich spielt der Kaffee eine wichtige Rolle, selbst wenn man letztlich keinen trinkt. Die Frage Gehen wir auf einen Kaffee? bedeutet also nicht zwangsweise Kaffeekonsum, sondern einfach ein Treffen auswärts, bei dem es auch z. B. ein Bier oder Wein sein darf. Die Einladung nach Hause ist im ländlichen Raum mangels passender Örtlichkeiten gang und gäbe – sofern man nicht ins Dorfwirtshaus gehen will. Wie sonst üblich folgt das Ritual: (an)läuten *(klingeln)*, Schuhe abputzen *(abstreifen)* und eventuell das Gastgeschenk übergeben.

daheim	zu Hause
einwassern	ins Wasser stellen *(Blumen)*
(t)ratschen	sich unterhalten, klönen
sich etwas ausschnapsen	etwas untereinander ausmachen

Ratschen *ist in Wien und dem Osten unüblich, es heißt dort immer* tratschen, *allerdings ist das nicht negativ („über andere herziehen") gemeint!*

Sollen wir uns gleich fix etwas ausmachen?
Sollen wir uns gleich fest verabreden?

Öfters läuten, die Glocke geht nicht gescheit.
Mehrmals klingeln, die Klingel geht nicht richtig.

Die Blumen gehören gleich eingewassert.
Die Blumen müssten sofort ins Wasser.

Haustiere: Minki, Flocki & Co.

Haustiere sind in Österreich sehr beliebt. Besonders den Wiener Hundebesitzerinnen und -besitzern wird ein sehr enges Verhältnis zu ihren Vierbeinern nachgesagt. Böse Zungen behaupten, dass Hunde im öffentlichen Raum oft mehr gelten als Kinder. Zumindest gilt die Gleichstellung: Für Hunde und Kinder von 6 bis 12 gilt in den Wiener Öffis *(öffentlichen Verkehrsmitteln)* der gleiche ermäßigte Fahrschein; dabei muss jedes Frauerl *(Frauchen)* und Herrl *(Herrchen)* seinem Vierbeiner Leine und Maulkorb anlegen. Leichter hat man's da mit kleineren Viechern *(Tierchen)*, sofern der Kanari *(Kanarienvogel)* nicht aus Versehen auskommt *(entwischt)* oder der Hamster eingeht *(stirbt)*.

das Apportl	Gegenstand, den der Hund apportieren soll (z. B. Holzstück)
auslassen	freilassen
äußerln gehen	Gassi gehen
das Hundstrümmerl *(ostösterr.)*	der Hundekot
der Kanari	der Kanarienvogel
das Katzenkisterl	das Katzenklo
das Katzerl	das Kätzchen
das Manderl	das Männchen
parieren	folgen, gehorchen
das Weiberl	das Weibchen

Dem Bewusstsein für die Entfernung des Hundekots im urbanen Raum muss durch Werbekampagnen nachgeholfen werden – in Wien mit dem eingängigen Slogan Nimm ein Sackerl für mein Gackerl.

Ihr Katzerl hat aber ein herziges Gschau.
Ihr Kätzchen hat aber einen süßen Gesichtsausdruck.

Unser Flocki, der Schlawiner, probiert immer zu fechten, wenn wir jausnen.
Unser Flocki, der Schlingel, versucht immer zu betteln, wenn wir einen Imbiss nehmen.

Foto: Lukas Mayrhofer

Kein Dialekt: Für Hundstrümmerln gibt es in Österreich das Sackerl

Gesundheit: Pumperlgesund oder marod?

Grundsätzlich hat man in Österreich keine Schmerzen, sondern immer Weh! Vom Bauch und Kopf über die Ohren bis zum Zahn. Oft reicht es, wenn man sich verkühlt *(sich erkältet)*, und schon ist man gesundheitlich nicht ganz auf der Höhe. Mancher sudert *(jammert)* gern, dass man ein bisserl marod *(ein wenig krank)*, damisch *(verwirrt und schwindlig)* oder dass einem einfach nur schlecht *(übel)* ist, dass es einen reckt, also dass man Brechreiz verspürt. Aber da reicht es oft, wenn man rasch *(schnell)* zu Hausmitteln greift, sich niederlegt *(hinlegt)* und sich ausrastet *(ausruht)*.

Spüren Sie doch einmal etwas Gröberes aufziehen, sollten Sie es nicht übertauchen *(erfolgreich unterdrücken)* und besser in (den) Krankenstand gehen *(sich krank melden)*, damit Sie Ihre Kollegen nicht ansandeln *(anstecken)*. Warten Sie lieber, bis Sie wieder pumperlgesund (kerngesund) sind!

Wenn jemand niest, sagt man – neben „Gesundheit!" – auch Helf dir Gott! *oder gleich* Vergelt's Gott!

Feuchtblattern / Schafblattern	Windpocken
der Gelsendippel	juckender Mückenstich
hatschen	hinken, humpeln
der Nasenrammel / der Nasenwuzl	der Popel
der Rist	der Spann
das Schlagerl *(ugs.)*	der Schlaganfall
der/das Schnackerl	der Schluckauf

das Schnäuztuch	das Taschentuch
speiben	kotzen
der Stockzahn	der Backenzahn
sich einschmieren	sich eincremen
sich verkutzen	sich verschlucken (mit einem Hustenanfall)

Anders als in Deutschland ist es in Österreich bei vielen Berufsständen (Bauern, Beamte, Selbstständige...) klar, welche Krankenversicherung für einen zuständig ist. Dort gibt es dann auch so genannte Chefärzte *(Kontrollärzte), die gewisse Behandlungen und Leistungen absegnen müssen. Was man in Deutschland allgemein „Chefarzt" nennt, ist in Österreich ein* Primararzt.

Im Notfall muss doch eine Ordination *(Praxis)* aufgesucht werden, wo der Arzt einem etwas verschreibt – hoffentlich nicht chefarztpflichtig, da dies erst der Kontrollarzt *(Amtsarzt)* der zuständigen Krankenkassa (auch: Krankenkasse) bewilligen muss. Oder man kriegt ein Jaukerl *(Injektion)*, das kurz sticht *(pikt)* und nach dem sich die Einstichstelle eventuell bamstig *(taub)* anfühlt. Bei schwerwiegenderen Problemen wird man gar mit der Rettung *(Krankenwagen)* ins Spital geführt *(ins Krankenhaus gebracht)*.

Selbst wenn man nur eine Gesundenuntersuchung *(Vorsorgeuntersuchung)* macht: die E-Card, also die elektronische Krankenversicherungskarte, muss man immer dabei haben.

das Ambulatorium	die Poliklinik
der Chefarzt	Kontrollarzt der Krankenkasse
die Gebietskrankenkassa	für ein Bundesland zuständige Krankenkasse
die Ordinationshilfe	die Sprechstundenhilfe
der Primar(ius) bzw. Primararzt	der Oberarzt bzw. Chefarzt
der Turnusarzt	Arzt im Praktikum
der Wahlarzt	Arzt ohne Kassenvertrag

Mit Fuß meint man in Österreich oft das ganze Bein, mit Hand den ganzen Arm. Wenn jemandem allerdings landläufig gesprochen die Bana oder Boana (Beine) weh tun, um nicht zu sagen: das ganze Gestell, schmerzen alle Knochen im Leib. Wenn sich jemand keinen Haxen ausreißt, hat es allerdings nichts mit einem vermiedenen Unfall zu tun. So eine Person versteht es einfach, faul zu sein.

Ich hab bloßfüßig einen Hupfer gemacht und bin blöd aufgekommen.
Ich habe barfuß einen Satz getan und bin schlecht gelandet.

Weil sie sich das Knie angehaut hat, ist es jetzt eingefa(t)scht.
Weil sie sich am Knie gestoßen hat, ist es nun bandagiert.

Wegen der eingequetschten Zehe war ich lang im Krankenstand.
Wegen des gequetschten Zehs war ich lange krankgeschrieben.

Gott sei Dank hast du dir nicht den Haxen gebrochen, als es dich aufgehaut hat.
Zum Glück hast du dir kein Bein gebrochen, als du gestürzt bist.

Bist du leicht umgeböckelt, weil du so hatschst?
Bist du etwa umgeknickt, oder warum humpelst du so?

Die Krätze *ist eine Wundkruste, an der man nicht* herumkletzeln *(herumzupfen) soll. Andererseits kann eine* Krätze *aber auch ein freches, schlimmes Kind sein (sprich:* Gfrastsackl*).*

Essen und Trinken: Mahlzeit!

Ähnlich wie in Deutschland und in der Schweiz ist das Mittagessen wichtig im Tagesablauf und für viele die Hauptmahlzeit. Die traditionelle österreichische Küche hat da einiges in petto, was man selten im Restaurant oder in der Kantine, sondern eher in Omas Kochtopf findet, wie z. B. echte handgewuzelte Erdäpfelnudeln (handgerollte Kartoffelnudeln).

Wer sich *beim Kochen* nicht hinausschaut, *also den drohenden Kochstress nicht bewältigen kann, greift schon mal zu* Packerlsuppen *(Tütensuppen) oder* Dosenfraß *(Büchsenfraß).* Feinspitze *(Feinschmecker) sagen da: Das ist aber* nicht meins *(nicht mein Ding)!*

abtreiben	Butter, Eigelb und Zucker schaumig rühren
der Dotter	das Eigelb
die Einmach / Einbrenn	die Mehlschwitze
die Eintropfsuppe	die Einlaufsuppe
der Erdäpfelpuffer	der Reibekuchen
der Erdäpfelteig	der Kartoffelteig
der Grenadiermarsch	Gericht aus Nudeln, Kartoffeln, Zwiebeln und Wurststückchen
das Grießkoch	der Grießbrei
die klare Suppe	die Brühe
Krautfleckerl	Gericht aus Fleckerlnudeln und Weißkohl
Krautwickel	Kohlrouladen
die Leibspeise	das Lieblingsgericht
der Mürbteig	der Mürbeteig
das Nockerl	länglich geformter Kloß

die Panier	die Panade
die Rindssuppe	die Rinderbrühe
die Rollgerstlsuppe	Suppe mit Graupen
das Schöberl	gebackene, herzhafte Suppeneinlage (meist aus Biskuitteig)
Schinkenfleckerl	Nudelauflauf mit Schinken

Aus den Palatschinken, die nachher überbleiben, mache ich Frittaten.
Die Pfannkuchen, die danach übrig bleiben, schneide ich in Streifen (für die Suppe).

Magst du als Zuspeise Knödel und Schwammerlsauce?
Möchtest du als Beilage Klöße und Pilzsoße?

Na klass, jetzt hab ich mich mit der kalten Sauce angepatzt!
Na dufte, jetzt habe ich mich mit der Tunke bekleckert!

Schau, als Nachspeise gibt's Topfencreme in Schüsserln.
Guck mal, als Nachtisch gibt es Quarkcreme in Schälchen.

Ich schlage derweil das Eiklar auf.
Ich schlage in der Zwischenzeit das Eiweiß.

Hoppala! Jetzt müssen wir eine Eierspeise draus machen.
Hoppla! Jetzt müssen wir Rührei daraus machen.

Es steht alles parat. Bitte langt zu!
Es steht alles bereit. Bitte greift zu!

Mahlzeit!
Guten Appetit!

In der Küche: Häferl, Schöpfer, Nudelwalker

Ein Wort, das der Generation 40+ noch geläufig ist, ist der Häferlgucker. *Eine gleichnamige Kochsendung im österreichischen Fernsehen wählte ihren Titel nach den neugierigen Topfguckern, die angeblich schon im Mittelalter die Deckel lüfteten und schnupperten, wenn in Wien die Speisen für die Mönche von der Hofküche zum nahe gelegenen Schottenkloster getragen wurden.*

Bei Tee und Kaffee unterscheidet man genau zwischen den Trinkbehältnissen. Während das Wort „Tasse" meistens kleine (Porzellan-) Schalen mit dazugehöriger Untertasse bezeichnet, ist mit Häferl eine große Tasse mit Henkel gemeint, die gut einen Viertelliter fassen kann. Der Begriff geht auf den größeren, irdenen Hafn *(Topf)* zurück und verweist auf die frühere Tätigkeit der Hafner (Töpfer), die neben Ofenkacheln auch Tongeschirr herstellten. Heute wird mit Hafner der Berufsstand der Ofensetzer bezeichnet.

der Dressier- / Spritzsack	der Spritzbeutel
einwecken / einrexen	einlegen, konservieren
das (Geschirr-) Hangerl	das Geschirrtuch
die Hachel	der (Gemüse-)Hobel
der Häf(e)n	großer Topf, Pott
herrichten	vorbereiten
der Kelomat	der Schnellkochtopf
der Nudelwalker	das Nudelholz
das Salatschüsserl	die Salatschale
der Schnitzelklopfer	der Fleischhammer, Fleischklopfer
der Schöpfer	der Schöpflöffel, die Schöpfkelle
das Seicherl	kleines Sieb

der Siebschöpfer	der Schaumlöffel
die Teigspachtel	der Teigschaber
versprudeln	verquirlen
der Weitling	große, nach oben hin breite Schüssel

Auch gekochte Kartoffeln werden in Österreich geschält, *nicht gepellt!*

Könntest du bitte die Gurken hacheln und die gekochten Erdäpfel schälen?
Kannst du bitte die Gurken hobeln und die Kartoffeln pellen?

Langt das für alle, wenn ich das kleine Reindl hernehme?
Reicht das für alle, wenn ich die kleine Auflauffform verwende?

Stell geschwind die Suppe zu!
Setz mal schnell die Suppe auf!

Foto: Daniel Krasa

Weit mehr als 100 Genussregionen mit regionalen Spezialitäten gibt es in Österreich

Einkaufen: 20 Deka im Sackerl

Das Einkaufen beim Greißler *(Tante-Emma-Laden)*, wie der kleine Lebensmittelhändler in Ostösterreich genannt wird, gehört schon fast der Vergangenheit an. Dinge des täglichen Bedarfs kaufen Herr und Frau Österreicher vorzugsweise im Supermarkt. Dort ist seit dem EU-Beitritt Österreichs 1995 die Auswahl in den Regalen stark gewachsen.

das Einkaufswagerl	der Einkaufswagen
die Kassa	die Kasse
der Kassazettel	der Kassenbon

Muss man für die Bedienung bei der Feinkost ein Markerl ziehen?
Muss man für die Bedienung an der Käse- und Wursttheke eine Nummer ziehen?

Könnten Sie mir bitte noch ein Sackerl geben?
Kann ich bitte noch eine Tüte haben?

Der Konsumentenschutz *ist ein Verband und hat die gleichen Aufgaben wie die Verbraucherzentralen in Deutschland.*

Sollten Sie mal Grund zur Beanstandung haben, wenden Sie sich an den Konsumentenschutz, so wird der *Verbraucherschutz* in Österreich genannt.

Im kulinarischen Bereich treten die Varietäten des Deutschen besonders stark hervor, und auf vielen Etiketten im Supermarkt offenbart sich das Österreichische: *Sahne* kommt hier gar nicht in die *Tüte!*

Wenn, dann nur ins Sackerl, und zwar Schlagobers *(süße Sahne)* oder Sauerrahm *(saure Sahne)*, und das jeweils mit einem höheren Fettgehalt als in Deutschland. Joghurt wird vorzugsweise das Joghurt, manchmal auch die Joghurt genannt. Bei *(an)* der Fleisch-, Wurst- und Käsetheke geht's nicht um Gramm, Kilo oder Pfund, sondern um Deka (10 Deka = *100 Gramm*). Und beim Kauf von Mehl muss man zwischen glatt (feinere Körnung) und griffig (gröbere Körnung) unterscheiden.

„Glatt" und „griffig" bezeichnen den Körnungsgrad, die Type aber den Ausmahlungsgrad. So bekommt man in Österreich glattes Mehl z. B. mit Type 450 oder 700.

die Aranzini	kandierte, gewürfelte Orangenschalen
der Bröseltopfen	der bröselige Quark
der Eckerlkäse	Streichkäse in Form eines Dreiecks
Fleckerl(nudeln)	kleine quadratische Nudelstücke
das Fru Fru	gerührte Sauermilch mit Fruchtmark
der Gabelbissen	Hering oder Schinken mit Mayonnaise und Aspik
gebrannte Aschanti	gebrannte Erdnüsse
das Heidenmehl *(auch:)* **Hadn**	Buchweizenmehl
das Kokosette	Kokosflocken
der Schlecker	der Lolli
das Neugewürz	Piment
die Polenta / der Türkengrieß	der Maisgrieß

Foto: Lukas Mayrhofer

Der beste Österreichisch-Crash-Kurs: einfach am Markt einkaufen gehen!

Russen	eingelegte Heringe
der Staubzucker	der Puderzucker
das Steckerleis	Eis am Stiel
der Topfen	der Quark
das Zuckerl	das Bonbon
das Zuckerlgeschäft	der Süßigkeitenladen

25 Deka Bergkäse aufgeschnitten, bitte!
Ein halbes Pfund Bergkäse geschnitten, bitte!

Jetzt hab' ich alles beieinander, oder?
Nun hab' ich alles beisammen, oder?

Die in Deutschland gängigen Salzstangen sind in Österreich Soletti, *und Eis (nie als „Eiscreme" bezeichnet) wird übrigens* geschleckt *und nicht „geleckt".*

Das Schlagobers *(die Schlagsahne)* ist im Westen eher der Schlagrahm. Und in manchen Teilen Österreichs sagt man übrigens auch *Tomate* statt Paradeiser oder *Kartoffeln* statt Erdäpfel. wenn nicht sogar für letztere die klingenden Begriffe Grundbirne oder Bramburi. Also alles andere als ein (sprachlicher) Einheitsbrei!

Ein Einkauf am Markt *(auf dem Markt)* zeigt besonders deutlich die Besonderheiten des österreichischen Deutsch.

das Asperl	die Mispelfrucht
der Bummerlsalat *(Wien)*	der Eis(berg)salat
Erdäpfel	Kartoffeln
Fisolen	grüne Bohnen
der Häup(t)elsalat	der Kopfsalat
die Heidelbeere *(auch:)* **Schwarzbeere**	die Blaubeere
Heurige	neue (diesjährige, junge) Kartoffeln
die Karotte	die Möhre
die Melanzani	die Aubergine
der Karfiol	der Blumenkohl
die Kletzen	die Dörrbirnen
der Kohl	der Wirsing
die Kohlsprossen / der Sprossenkohl	der Rosenkohl
das Krauthäuptel	der Kohlkopf
der Kren	der Meerrettich
der Kukuruz	der Mais
die Marille	die Aprikose
die Maroni	die Edelkastanie
der Paradeiser	die Tomate
der Petersil	die Petersilie
Pfefferoni	Peperoni
die Ribisel	die Johannisbeere
die Rohne / Rote Rübe	rote Bete
das Rotkraut	der Rotkohl

Übrigens: Produktklassiker wie Almdudler *(Kräuterlimonade),* Schwedenbomben *(Schaumküsse) oder* Manner Schnitten *(mit Nuss-Kakao-creme gefüllte Waffeln) sind Teil der österreichischen Identität und als preiswertes kulinarisches Souvenir aus Österreich ein kleiner Geheimtipp!*

der Rucola	die Rauke
der Vogerlsalat	der Feldsalat
die Weichsel	die Sauerkirsche
das (Weiß-)Kraut	der Weißkohl
das Wurzelwerk	das Wurzelgemüse
der Zeller *(ugs.)*	der Sellerie
die Zwetschke *(auch:)* **die Zwetschge**	die Pflaume

Die mehligen Erdäpfel werden beim Kochen schneller durch.
Die mehligen Kartoffeln werden beim Kochen schneller gar.

Darf's ein Apfelspeigerl zum Kosten sein?
Möchten Sie vielleicht eine Spalte von unseren Äpfeln probieren?

Von den Marillen kauf ich gleich eine ganze Steige.
Von den Aprikosen kaufe ich gleich eine ganze Kiste voll.

Seinerzeit haben wir die Weichseln noch eingeweckt.
Früher haben wir die Sauerkirschen immer eingemacht.

Und falls man hört: Das macht das Kraut auch nicht mehr fett, so bedeutet das, dass eine verfahrene Situation nicht mehr zu retten ist.

Fleisch und Wurst: The Art of Würstl

Für den schnellen Hunger zwischendurch bietet sich vielerorts der Würstlstand *(die Würstchenbude)* an. *Currywurst* und *Bockwurst* wird man vergeblich suchen, doch die Alternativen sind vielfältig. Frankfurter, Leberkäse & Co. haben schon manchen Touristen oder Nachtschwärmer vor dem Verhungern gerettet.

Eine genaue Kenntnis der Wiener Würstlstandsprache ist nicht nötig, kann aber von Vorteil sein, wenn man wissen möchte, was bei der Bestellung einer Eitrigen mit Bugl, G'schissenem, ein paar Mottenkugeln und einem Krokodil auf den Pappteller kommt. (Auflösung: eine Käsekrainer mit Brotanschnitt, scharfem Senf, einigen Perlzwiebeln und einer Pfefferoni).

Ein Imbiss mit vermeintlichen Sprachwurzeln am Balkan ist die würzige Bosna; über den Ort der Erfindung streiten sich Linz und Salzburg. Wer aber keine Zeit für den Imbiss draußen hat, kann mit einer Beamtenforelle, wie die Knackwurst in Ostösterreich scherzhaft genannt wird, im Büro seinen Hunger stillen.

die Bosna	Bratwurst mit Senf oder Ketchup und Zwiebeln in Langsemmel
die Burenwurst, die Klobasse	eine Art Brühwurst, ähnlich der Bockwurst

Dass Wien zur Namensgeberin von Würsten geworden ist, die in Österreich selbst Frankfurter *genannt werden, geht auf Georg Lahner zurück, einen Metzger aus der Fränkischen Schweiz, der in Frankfurt seinen Beruf erlernte. Als er sich später in Wien niederließ und dort in seinem eigenen Geschäft die berühmte Wurstfeinmischung erfand, nannte er sie angeblich* Frankfurter, *während seine Erfindung im Ausland zumeist als „Wiener Würstchen" Furore machte.*

Debreziner	scharfe Brühwurst mit Paprika
die Krainer	geräucherte Brühwurst (ursprünglich slowenisch)
der Leberkäse	der Fleischkäse
süßer Senf / Kremser Senf	gesüßter Senf (ähnlich Weißwurstsenf)
die Waldviertler	dunkle, geräucherte Brühwurst
das Würst(e)l	das Würstchen

Längere Exemplare der Frankfurter, die sogar als eigene Gattung Eingang in den strengen österreichischen Lebensmittelcodex gefunden haben, sind die Sacherwürstel. Und Käsekrainer, Bratwürstl & Co. kommen übrigens nicht auf den *Grill*, sondern auf den Griller.

Ein Paar Frankfurter mit Semmerl, Senf und Kren, bitte.
Einmal Wiener Würstchen mit Brötchen, Senf und Meerrettich, bitte.

Mit Süßem oder Scharfem?
Mit gesüßtem Senf oder Estragonsenf?

Fleischtiger *(Fleischliebhaber)* haben es gut in Österreich, denn traditionsbedingt ist Fleisch ein wesentlicher Bestandteil der hiesigen Küche. Kulinarische Aushängeschilder sind das berühmte Wiener Schnitzel, das steirische Backhendl (*Brathähnchen*) oder der Schweinsbraten

(Schweinebraten). Egal ob aus Karree *(Rippenstück),* Schopfbraten *(Schweinekamm)* oder Bauchfleisch – ein echter österreichischer Schweinsbraten braucht nicht nur Knödel *(Klöße)* und Krautsalat als Beilage, sondern auch das Fugen-s.

Das Gustostück, *also das individuell bevorzugte Fleischteil, bekommt man beim* Fleischhauer, *regional auch* Fleischhacker, Metzger *oder* Fleischer *genannt.*

Bratlfett	Bratenfett
der Filz	Bauchfett vom Schwein
geselchte Ripperl	gepökelte Rippchen
Geselchtes	Geräuchertes
Grammeln	Grieben
Kälbernes	Kalbfleisch
die Saumaise	von Schweinsnetz umhülltes Pökelfleischlaibchen
Schweinernes	Schweinefleisch
Schweinsschmalz	Schweineschmalz
selchen	räuchern
das Selchkarree	Kasseler
das Surfleisch	das Pökelfleisch
Verhackertes	Brotaufstrich aus Speck (ähnlich *Pottsuse*)

Aus den zwei Kilo Filz lasse ich Grammeln aus.
Aus den vier Pfund Bauchspeck brate ich Grieben aus.

Mit dem Einsuren von den Stelzen tu ich mir immer schwer.
Das Pökeln der Eisbeine bereitet mir immer große Mühe.

Bis ins 19. Jahrhundert wurde Rindfleisch nur nach Gewicht verkauft, unabhängig von der Qualität der Fleischteile. Erst eine spezielle Verordnung legte Qualitätsstufen fest, an denen man sich bis heute orientiert.

In der Wiener Küche gilt vor allem das Rindfleisch als unverzichtbar und die Benennung der jeweiligen Stücke kommt einer Wissenschaft gleich. Häufig landet Rindfleisch im Kochtopf und nicht in der Pfanne, denn in Österreich wird gekocht und gesotten. So erhält man nicht nur Sonntagsspeisen, wie den berühmten Tafelspitz, sondern zudem eine kräftige Rindssuppe.

Mit den detaillierten Namen der Rindfleischteile möchten wir Sie aber verschonen! Wenn Sie wissen, dass der Lungenbraten *keine Lunge beinhaltet und* Rostbraten *gesundheitlich völlig unbedenklich ist, haben Sie die ersten sprachlichen Hürden gemeistert.*

das Beiried	Rumpf- / Lendenstück vom Rind
das Hüferl	die Rinderhüfte
der Lungenbraten	das Filetstück
die Nuss / der Zapfen	die Kugel (mittleres Keulenstück)
der Ochsenschlepp	der Ochsenschwanz
der Rindsbraten	der Rinderbraten
der Rostbraten	(rundes / hohes) Roastbeef
der Schlögel / Schlegel	Keule
das Schulterscherz(er)l	das Schaufelstück
der Tafelspitz	Teil des Schwanzstücks beim Rind
das Bein	der Knochen
das Brathendl	das Brathähnchen, der Broiler
die Flachse, flachsig	die Sehne, sehnig
das Flügerl	der Hähnchenflügel
das Haxerl	die Hühnerkeule
das Hendl	das Hühnchen
der Kuttelfleck	die Kaldaune
Schöpsernes	Schaffleisch

Foto: Daniel Krasa

Das Steirische Backhendl: Identität am Teller

Bei der vielfältigen Palette an Wurstsorten gibt es – neben regionalen Spezialitäten – Klassiker wie die beliebte Extrawurst *(Lyoner)*, die als Stärkung für zwischendurch mit Fächergurkerl *(fächerförmig aufgeschnittenem Gürkchen)* ins Semmerl *(Brötchen)* kommt. Nicht zu vergessen der Leberkäse *(Fleischkäse)*. Heutzutage enthält er weder Leber noch Käse, außer man entscheidet sich für den Käseleberkäse. In Ostösterreich hat auch Pferdeleberkäse Tradition.

Das Thema Wurst ist in Österreich auch sprachlich nicht wurscht *(egal). Wer ein* Extrawürstel braucht, *bei dem muss es immer eine Ausnahme geben, und beim* Dahinwurschteln *quält man sich recht und schlecht durch den Alltag.*

das Berner Würstel	gebratenes, mit Käse gefülltes und Speck umwickeltes Wiener Würstchen
die Blunze(n)	die Blutwurst
die Dürre	eine Art Dauerwurst
Faschiertes	Hackfleisch
das Fleischla(i)berl / das faschierte Laibchen	die Bulette, Frikadelle
die Kabanossi	lange, dünne, würzig geräucherte Brühwurst
Kantwurst	eckige, salamiartige Dauerwurst
die Knacker / der Schübling *(vorarlbg.)*	die Knackwurst
ein Radl Wurst	eine Scheibe Wurst
die Streichwurst	die Teewurst
Wiener	geräucherte Brühwurst

Ich hätte gern 10 Deka Extrawurst, 15 Deka Wiener aufgeschnitten und ein halbes Kilo Faschiertes, bitte!
100 g Lyoner, 150 g Wiener Wurst geschnitten und ein Pfund Hackfleisch, bitte!

Dann bräuchte ich zwei Knacker und vier Hendlhaxerl.
Dann bitte noch zwei Knackwürste und vier Hühnerkeulen.

Wollen Sie was von unserer Krakauer kosten?
Möchten Sie unseren Bierschinken probieren?

Weckerl, Semmeln, Kipferl? Beim Bäcker

Wer in Österreich nach Gebäck fragt, wird nicht nur Kuchen und Kekse, sondern auch Semmeln *(Brötchen)* in allen Varianten angeboten bekommen, da der Begriff für Backwaren im Allgemeinen steht. Die Sortenvielfalt ist groß, ebenso die Bezeichnungen, die von West- nach Ostösterreich differieren können. Viele schwören auf die Kaisersemmel: ein resches *(ofenfrisches, knuspriges)* und somit gar nicht zaches *(zähes)* Brötchen.

Mit Brötchen *meint man in Österreich nur belegte Brötchen im Sinn von* Canapés *(Kanapees).*

aufbähen	aufbacken
der Briochewecken	feiner Hefezopf
gestaubt	mit Mehl bestäubt
das Jourgebäck	Gebäck im Miniformat (z. B. Semmeln)
das Knödelbrot / Semmelbröckerl	Semmelwürfel
der Kornspitz	längliches Kleingebäck aus Weizenschrot
der Milchwecken	das Milchbrot
das (Mohn-)Flesserl	mit Mohn bestreutes Gebäck in Zopfform
das Salzstangerl	längliches Salzgebäck
der Sandwichwecken	langes Weißbrot
das Scherzerl	der Brotanschnitt, Brotkanten
die Semmel / das Semmerl	das Brötchen
Semmelbrösel (Pl.)	das Paniermehl

das Schusterlaberl / Wachauer	rundes Kümmelbrötchen mit rissiger Kruste
das Vin(t)schgerl	fladenähnliches Brötchen aus Roggen- und Weizenmehl
das Weckerl	rundes oder eckiges Kleingebäck (oft mit Mohn, Samen o. Ä. bestreut)

In der Früh gibt es beim Bäcker am Eck allerweil resches Gebäck.
Morgens gibt es beim Bäcker an der Ecke immer knusprige Brötchen.

Ich tunke so gern mein Kipferl in den Kakao.
Ich tauche so gern mein Hörnchen in den Kakao ein.

Das Scherzerl schmeckt am besten.
Der Kanten ist am leckersten.

Sind im Germstriezel Aranzini drin?
Enthält der Hefezopf kandierte Orangenschalen?

Hefe zum Backen ist immer die Germ, auch: der Germ. Bei der Bierherstellung sagt man aber auch in Österreich Hefe.

Kaffee und Mehlspeise: Meditation auf österreichisch

Kaffee wird viel und gern getrunken, und das Kaffeehaus hat besonders in Wien eine lange Tradition, die unter anderem auf den Einfluss der Türkenbelagerungen im 16. und 17. Jahrhundert zurückgeführt wird. Koffeinreiche Stärkung gibt's aber nicht nur dort: Ein gehaltvoller Almkaffee auf einer Ski- oder Almhütte macht warm und lässt die Stimmung steigen.

Angeblich ist das weiche Wiener Wasser Grund für den besonderen Kaffeegeschmack in der Hauptstadt.

Almkaffee	Kaffee mit Milch, Zucker, Gewürzen, Eigelb und Rum oder Schnaps
Cappuccino	Espresso mit Milchschaum oder Schlagsahne und Kakaopulver
Einspänner	Espresso mit Sahnehaube, im Glas serviert
Eiskaffee	Kaffee mit Vanilleeis und Schlagsahne
Häferlkaffee	in großer Tasse servierter Milchkaffee
kleiner / großer Brauner	kleiner / doppelter Espresso mit Milch
Melange	Espresso mit heißer Milch und Milchschaum
Verlängerter	Espresso mit heißem Wasser

Der Espresso wird von älteren Leuten und in Traditionscafés gern auch noch als Mokka *bezeichnet. Weiterführende Kaffeekunde ermöglicht der Blick in die Kaffeekarte jedes Traditionscafés!*

Alles andere als begeistert klingt der Ausruf So ein Schmarr(e)n! *(So ein Blödsinn!). Und wenn man* einen Schmarren daherredet, *so redet man „dummes Zeug". Ist einem das „egal", kann man kontern mit:*
Das ist mir Blunz(e)n! *oder* Das ist mir Powidl!

Einen kleinen Braunen mit Schlag(obers), bitte!
Einen Espresso mit Sahne, bitte!

die Eispalatschinke	Pfannkuchen mit Eiscreme
der Eissalon	die Eisdiele
der / das Frappé (Frappee)	kaltes Mischgetränk (oft mit Eis und Früchten)
das Stanitzel	die Waffel- oder Spritztüte

Hör auf, den Eiskaffee durch die Hohlhippen zu zuzeln!
Hör auf, den Eiskaffee durch die Waffelröllchen zu saugen!

So was gehört sich nicht im Eissalon.
So etwas schickt sich nicht in der Eisdiele.

Ein Zuckergoscherl *ist allgemein eine Naschkatze, während* der Mehlspeistiger *besonders ein Fan von Kuchen und* picksüßen *(irre süßen) Hauptspeisen ist. Beide sind jedenfalls* Genussspechte *(Genießer)!*

Meistens bleibt der Kaffee nicht alleine, sondern kommt in Begleitung einer Mehlspeise auf den Tisch. Hinter dem Begriff verbirgt sich eine Vielzahl an Gebäck, Kuchen, Torten und auch warmen Speisen, wie z. B. Marillenknödel oder Buchteln mit Vanillesauce – Bedingung: süß muss es sein! Will man das in geselliger Runde genießen, lädt man nie zum *Kaffeekränzchen*, sondern sagt: Komm auf einen Kaffee vorbei! Ob's dann dort Sacher Torte, Apfel- oder Topfenstrudel, Cremeschnitten, Plundergebäck oder Punschkrapferl gibt, ist egal: Man muss auf jeden Fall die Diät vergessen.

das Brandteigkrapferl / das Profiterole	der Windbeutel
die Buchtel	eine Art Dampfnudel
die Fülle	die Füllung
der Kaiserschmarren	in Stücke zerteilter dicker Pfannkuchen mit Rosinen und Puderzucker
das Keks	der Keks, das Plätzchen
das Kokosbusserl	die Kokosmakrone
der Lebkuchen	der Pfefferkuchen
der Milchrahmstrudel	mit Quark und altbackenen Brötchen gefüllter und Eiermilch übergossener Strudel
das Mohn- / Nussbeugel	hörnchenähnliches Hefeteiggebäck
der Polsterzipf	dreieckige, meist im Fett gebackene Mehlspeise mit Marmeladenfüllung
der Powidl	Pflaumenmus
das Punschkrapferl	mit rosa Fondant überzogener Würfel aus Biskuit mit Biskuit-, Rum-, Schoko- und Aprikosen-marmeladefüllung
die Schaumrolle	die Schillerlocke
der Scheiterhaufen	mit Baiserhaube versehener Auflauf aus altbackenen Semmeln, Rosinen und Äpfeln
die Topfengolatsche	die Quarktasche
der Weinbeißer	kleiner weiß glasierter, länglicher Pfefferkuchen
die Windbäckerei	das Schaumgebäck
der Zuckerbäcker	der Konditor
der Zwetschkenröster / Hollerröster	kompottähnliche Fruchtzubereitung aus Pflaumen bzw. Holunderbeeren

Ist ein Kuchen durch, *ist er „durchgebacken". Und wenn er gut schmeckt, ist er wohl bald* aus *bzw.* gar *(alle).*

Die Fülle im Strudel ist mit Topfen, Butter, Staubzucker und Dotter.
Die Füllung im Strudel ist aus Quark, Butter, Puderzucker und Eigelb.

Die Krapfen muss man zizerlweise mit Marillenmarmelade füllen.
Die Berliner muss man einzeln nach und nach mit Aprikosenkonfitüre füllen.

Penibel genau ist man in Österreich bei der Unterscheidung zwischen Torten und Kuchen. Torten sind immer rund, bestehen meistens aus mehreren Lagen *(Schichten)* Creme und Teigplatten sowie aufwändigem Dekor, wie z. B. die Esterhazytorte, eine hell glasierte Schichttorte aus Haselnuss-Baisermasse, Buttercreme und mit typischem Muster, die Dobostorte (sprich: Dobosch), eine geschichtete Torte mit Nougatcreme und glasiertem Karamelldekor, die Malakofftorte, eine Schichttorte aus Biskuit, Schlagobers und getränkten Biskotten *(Löffelbiskuits)*; oder die berühmte Linzer Torte, eine Torte aus Mandelteig mit Ribiselmarmelade und Gittermuster. Kuchen wiederum haben meist weniger Schichten und wenig oder keine Creme und sind eckig.

Eine Ausnahme sind der bekannte Guglhupf, ein napfkuchenähnliches Gebäck mit typischer Form oder der der Kärntner Reindling, ein runder Kuchen aus Hefeteig mit Fülle aus Nüssen, Zimt und Rosinen.

Meine neue Küchenmaschine spielt alle Stückerl, drum habe ich selber Indianer gemacht.
Weil meine neue Küchenmaschine alles kann, habe ich selbst „Mohrenköpfe“ gemacht.

Unser Germguglhupf kommt grad frisch aus dem Rohr.
Unser Napfkuchen aus Hefeteig kommt soeben frisch aus dem Backofen.

Foto: Blickwerk – Manuel Zauner Fotografie

Edle Hülle, süße Fülle: ein Kirschknödel aus Erdäpfelteig mit Staubzucker und Bröseln

Das Wort „Käsesahnetorte“ kommt übrigens - außer in der Tourismusbranche - keinem Österreicher über die Lippen, denn es heißt Topfen(obers)torte. Schon der große österreichische Liedermacher Udo Jürgens wünschte sich alles Aber bitte mit Schlagobers! und nahm wohl in Ermangelung passender Reimwörter für seinen unvergesslichen Hit lieber die bundesdeutsche „Sahne.“

Im Wirtshaus: Ein gutes Papperl beim Wirt'n

Österreich ist ein klassisches Suppenland, das sich seine klare Suppe *(Brühe) ohne Einlage nicht vorstellen kann. Bedingung: Sie muss* brennheiß *(sehr heiß) serviert werden! In Traditionsgasthäusern am Land geht es fleischlastig zu. Vegetariern bleiben aber immer noch die klassische Grießnockerl-, Frittaten- oder Nudelsuppe.*

Verteidigt man seine fachliche Kompetenz, genügt der saloppe Kommentar: Ich bin nicht auf der Nudelsuppe dahergeschwommen, *wobei die Art der Suppe Richtung Westösterreich hin auch zur Brennsuppe werden kann.*

Das Studium der Speisekarte wird zum plurizentrischen Aha-Erlebnis, und Begegnungen mit Nockerln, Knödeln und Erdäpfelvarianten sind garantiert.

das Lokal, die Beiz *(westösterr.)*, **das Beis(e)l** *(ostösterr.)*	die Kneipe
die Hauptspeise	das Hauptgericht
das Papperl *(ugs.)*	eine gute, stärkende Mahlzeit
das Schmankerl	regionale Spezialität, Leckerbissen
die Backerbsensuppe	klare Brühe mit Backerbsen
die Grießnockerlsuppe	klare Brühe mit nockenförmigen Grießklößchen
das Gröstl	eine Art Bauernfrühstück (aber ohne Ei)
die Leberknödelsuppe	klare Brühe mit Leberklößen
die Pofesen	Arme Ritter
der Semmelknödel	Knödel aus altbackenen Brötchen

Das Beuschel mit Serviettenknödeln schmeckt grauslich.
Das Lungenragout mit Serviettenklößen schmeckt abscheulich.

Rauchen: Von Tschicks und Beuschelreißern

Noch immer wird in vielen Cafés, Bars und Restaurants zumindest in bestimmten Bereichen geraucht. Umgangssprachlich bezeichnet man die Zigarette als Tschick, wobei das Wort genau wie die deutsche *Kippe* sowohl das Ding als solches als auch das abgerauchte Endstück bezeichnet. Man kauft sie im Packerl *(Päckchen)* und angeraucht oder angeheizt *(angezündet)* werden sie mit Hilfe eines Feuerzeugs oder von Zündern bzw. Zündhölzern *(Streichhölzern)*. Und wer regelmäßig Beuschelreißer *(starke Zigaretten)* oder Ofen (ugs. für *Joint*) pofelt *(raucht, qualmt)*, der sollte geradewegs (schnurstracks) zum Kapitel Körper & Gesundheit zurückblatteln *(zurückblättern)*.

Das österreichische Nichtrauchergesetz sieht vor, dass in größeren Lokalen ein Raucherbereich abgetrennt werden muss. Dafür können Wirte in kleineren Lokalen (momentan noch) selbst entscheiden, ob sie rauchfrei oder „verraucht" sein möchten.

Schnorrst du mir einen Tschick?
Darf ich mir eine Fluppe schnorren?

Geh dir selber ein Packerl kaufen!
Kauf dir selbst ein Päckchen!

Von Tschick *abgeleitet findet sich auch das Verb* tschicken *(rauchen, qualmen).*

Foto: Lukas Mayrhofer

Die Trafik - hier darf garantiert noch geraucht werden

Die lockere Sprache des Alltags

Der Homo austriacus gilt als Genussmensch, wo der Ernst gern hintansteht. Auch wenn es einmal zu viel an Geistigem oder anderen kleinen Sünden wird oder man gar mit jemandem einen Wickel hat *(in Konflikt gerät)* – die Sprache bleibt hintergründig charmant.

A Krügerl, a Glaserl, a Stamperl, a Tröpferl ...

Wer ein gutes Tröpferl *(Tröpfchen)* nicht scheut, hat in Österreich die Wahl zwischen drei typischen alkoholischen Getränken: Bier, Most und Wein. Schon viele Jahrhunderte v. Chr. wurde im Donauraum und Hügelland Süd- und Ostösterreichs Weinbau betrieben, den vor allem die Römer kultivierten.

Bei der jährlichen Weintaufe rund um den Martinitag (11. November) bekommt der Jungwein den Segen und einen klingenden Namen. Bis zu diesem Datum heißt der ungefilterte Wein Staubiger, mit dem ausschließlich mit den Worten Mahlzeit! und nicht mit Prost! angestoßen werden darf. Erst nach der Taufe ist das Zuprosten mit dem Glaserl *(Gläschen)* erlaubt und der Staubige zum Heurigen geworden. Das Wort Heuriger bezeichnet das Weinlokal, das dazu berechtigt ist, eigenen Wein auszuschenken und andere selbst produzierte Produkte anzubieten. Dass geöffnet ist, erkennen

Besucher daran, dass ein Buschen *(Büschel)* von Zweigen vor dem Lokal hängt – es ist ausg'steckt. In manchen Wiener Heurigenlokalen erklingt dann zum Grünen Veltliner oder dem Blauen Zweigelt, den bekanntesten Weinsorten Österreichs, Schrammelmusik oder das eine oder andere weinselig-morbide Wiener Lied. Und wenn man beieinanderhockt *(zusammensitzt)*, kann es nach einigen Achterln schon passieren, dass man mit Unbekannten Bruderschaft *(Brüderschaft)* trinkt.

Foto: Lukas Mayrhofer

Zu Most verarbeitet zu werden ist das Beste, was Äpfeln und Birnen passieren kann!

Heut' kauf' ich mir einen Rausch!

In Österreich gießt man sich keinen *hinter die Binde,* sondern trankelt und tschechert gern. Wenn jemand betrunken gemacht werden soll, spricht man auch von eintrankeln.

Gegen den Brand am nächsten Tag hilft ein Reparaturseide(r)l, *das morgendliche Bier, um den Restalkohol zu reaktivieren.*

ang'spitzt sein,	einen Schwips haben,
einen Spitz haben,	angeheitert sein,
angeduselt sein	einen sitzen haben
einen Fetzen haben,	besoffen sein,
einen Teufel haben,	volltrunken sein,
einen Dampf haben,	blau sein
eine Krachn haben,	
im Öl sein,	
voll fett sein,	
blunzenfett sein	

Heckenklescher oder Rabiatperlen (minderwertige, saure Weine) gehören der Vergangenheit an. Getschechert (gebechert) wird aber nach wie vor gern.

Ein Fluchtachterl, also ein letztes, schnelles Glas vor dem Heimweg, ist gängig, selbst wenn der Heimweg dann – trotz 0,5-Promille-Regelung – dennoch mit dem Auto angetreten wird.

Herr Inspektor, können S' mir bitte das Auto aufsperren?
Herr Wachtmeister, können Sie mir bitte das Auto aufschließen?

ein Achterl	ein Achtel Liter (125 ml)
die Bouteille	die Weinflasche (0,75 l)
die Buschenschenke, der Buschenschank	die Strauß(en)-wirtschaft
der Doppler	Zweiliterflasche Wein
einkühlen	kühl stellen
der Flascheneinsatz	das Flaschenpfand
gepantscht	verfälscht oder verdünnt (Wein)
der Liptauer	Brotaufstrich aus Brimsen (Schaffrisch-käse), Zwiebeln, Gewürzen, Kapern und Paprika
die Schank, die Budel	die Theke
der Schanigarten	kleine Sitzgelegen-heit im Freien vor Gasthäusern
der Schilcher	eine Art Roséwein aus der steirischen Schilchertraube
Schrammelmusik	von kleinem Ensemble (Geige, Klarinette, Gitarre, Akkordeon) darge-botene Wiener Volksmusik
Servus!	Variante von „Prost" und „Zum Wohl!"
der Spritzer / G'spritzte	die Weinschorle

das Stifterl	kleine Weinflasche mit 0,375 l Inhalt
der Stoppel	der Korken
der Sturm	Federweißer
der Uhudler	aus unveredelten Reben (Direktträger) gewonnener, fruchtiger Wein aus dem Süd-burgenland
ein Vierterl	ein Viertel Liter (250 ml)
der Weinhauer / Weinbauer	der Winzer

In jedem Bundesland Österreichs wird Bier gebraut. Die meisten Brauereien findet man in Oberösterreich, das an Bayern grenzt. Literweise wie dort (in Form einer Maß) wird aber in Österreich selten bestellt.

Bleibt ein Lackerl *(kleiner Flüssigkeitsrest) im Glas, spricht man vom* warmen Hansl, *schal gewordenem Bier, das man lieber nicht mehr trinkt.*

die Bierkiste	der Bierkasten
die Brettljause	deftiger Imbiss mit Würsten und Aufstrichen auf dem Holzbrett serviert
die Hülsn *(ugs.)*	die Dose Bier
das Krüge(r)l	ein großes Bier (0,5 l)
der Radler	Bier mit Limonade
das Seide(r)l	ein kleines Bier (0,3 l)
der Pfiff	ca. ein halbes Seidel (0,17 l)
das Zwickl	naturtrübes, ungefiltertes Bier

der Schnitt	Mischung aus hellem und dunklem Bier, oder: halb gefülltes Glas Bier
das Sechsertragerl	der / das Sixpack
das Stamperl	kleines Schnapsglas, Stamper
der Obstler	Obstbrand
der Zirbenschnaps	Schnaps aus Zapfen der Zirbelkiefer
das Kracherl	die Limonade
der Almdudler	eine Kräuterlimonade
das Cappy	der Orangensaft
das Cappy Leitung	Orangensaft mit Leitungswasser
gespritzt	Schorle (Getränk mit Mineralwasser)
das OBI	der Apfelsaft
das OBI gespritzt	die Apfelschorle

Most, *ein wenig süßer Apfel-Birnen-Wein, ist typisch für die ländlichen Regionen und das Bundesland Niederösterreich hat ein eigenes* Mostviertel. *Das wenig schmeichelhafte Schimpfwort* Mostschädel *für einen wenig kultivierten Bauerntölpel wird dem Getränk gar nicht gerecht.*

Ich hab' einen Durst.
Ich bin durstig.

Wir sind beim Heurigen gesessen, bis es finster geworden ist.
Wir haben bis Einbruch der Dunkelheit im Weinlokal gesessen.

Nach drei Achterl rot haben wir eine riesige Gaudi gehabt.
Nach drei Gläsern Rotwein hatten wir einen Mordsspaß.

Gehört das so, dass im Sturm lauter Flankerl sind?
Ist es normal, dass im Federweißer so viele Flöckchen schwimmen?

Haben sie dir ins Hirn g'schissen?

In welcher Situation wäre es wohl wünschenswerter, echtes Österreichisch zu sprechen, als in jener, wo das Blut zu kochen beginnt und man aus vollem Herzen keppeln *(schimpfen, keifen)* möchte? Leider lässt es sich nun mal nicht vermeiden, dass einem hin und wieder ein Depp, ein Trottel, ein Vollkoffer, ein Dodel oder ein geistiges Nackerbatzl (alle in etwa: *Vollidiot, Gehirnamputierter* usw.) über den Weg läuft, der einen gehörig pflanzen, sekkieren, heckerln oder tratzen (alle in etwa: *veräppeln, foppen, piesacken, hänseln*) will. Gründe gibt es genug, um sich über die allgegenwärtigen Schneebrunzer (Menschen ohne besondere Begabungen), Nebochanten *(Ignoranten)*, Grantscherm und Gaudibremsen *(Spaßverderber)* sowie Nudeldrucker *(Geizhälse, Feiglinge)* aufzuregen.

Dass die hier vorgestellten Ausdrücke nicht mehr ausschließlich dem hochsprachlichen Repertoire entsprechen, muss wohl nicht näher erwähnt werden.

jemanden aufblatteln
Schwächen von jemandem aufdecken

jemandem drüberfahren
jemanden übergehen

jemandem eine Goschen anhängen
sich missmutig über jemanden äußern

jemanden vernadern
jemanden denunzieren, jemanden verraten

Möchte man sein Gegenüber aufmerksam machen, dass man sein Benehmen nicht schätzt, kann man das tun durch die Fragen: Bist du deppert? oder Bist du narrisch? *(Bist du be-*

scheuert?) tun. Zuckt dieses die Achseln, wäre vielleicht ein Bist du törisch? *(Bist du schwerhörig?)* nachzulegen. Direkt poetisch anmutend sind Sätze wie:

Hast du einen Huscher?
Bist du denn ganz von Sinnen?

Er hat von Haus aus einen Klescher.
Er hatte immer schon einen Knall.

Bist du irgendwo ang'rennt?
Hast du dir den Kopf gestoßen?

Hast du narrische Schwammerl gegessen?
Bist du verrückt geworden?

Die Fotze(n) *sorgt zwischen Österreichern und nicht-bayerischen Teutonen gewöhnlich für Missverständnisse, bezeichnet sie im Südosten des gesamtdeutschen Sprachgebiets ausnahmslos die „Ohrfeige" als auch abfällig den „Mund", z. B. in* Halt die Fotzen!

Gleich gibt's Ärger!

Hilft auch all das nicht und bleibt der Bosnigel *(boshafter Mensch)* weiterhin hantig *(unfreundlich)*, hinterfotzig *(hinterhältig)* und präpotent *(überheblich)*, kann man ihm eine Watsche(n), eine Dachtel, eine Tetschen oder eine Fotzen (alle in etwa: *Ohrfeige*) androhen. Oder wollen Sie etwa als Hascherl oder Waserl (beide: *Weichei*) gelten?

Soll ich dir eine runterhauen, du Falott?
Soll ich dir eine langen, du Gauner?

Spiel dich nicht deppert, sonst schnalzt's!
Stell dich nicht blöd, sonst knallt's!

Mach keine Spompanadeln, sonst fangst eine!
Mach keine Mätzchen, sonst kriegst du eine aufs Maul!

Den „Ärger" bezeichnet man häufig auch als Wirbel. *Und so sagt man:* Mach nicht so einen Wirbel!

Kusch oder ich hau dir eine in die Goschn!
Halt den Rand oder ich hau dir eins in die Fresse!

Gleich spielt's Granada!
Gleich gibt's Ärger!

jemanden beim Krawattl packen
jemanden beim Schlafittchen packen
jemandem ein Haxl stellen
jemandem ein Bein stellen
jemandem einen Renner geben
jemanden heftig stoßen
jemanden zwicken
jemanden kneifen

Ärgert man sich ganz allgemein über etwas, sagt man Das wurmt mich!, Das fuchst mich!, Das zipft mich an! *oder* Das geht mir auf den Zeiger!

Da kann man nur hoffen, dass es sich einzig und alleine um ein Missverständnis handelt und der Sparringspartner in spe nicht gerade ein Kraftlackel *(Muskelprotz)* oder ein zacher Hund *(zäher Bursche)* ist. Um eine Streitsituation zu entschärfen, bieten sich Sätze an wie Sei nicht gleich so angerührt! *(Sei nicht sofort beleidigt!)* oder Pudel dich nicht auf! *(Reg dich nicht auf!)*. Immerhin kann jeder mal angefressen *(sauer, genervt)* oder grantig *(schlecht gelaunt)* sein.

Ahnt man Schlimmes, kann man dies so ausdrücken: Da steigt mir die Grausbirn(e) auf!

Ist man nicht gewillt, den Anweisungen eines anderen Folge zu leisten, sagt man Dem pfeif' ich was! *(Der kann mich mal!)*.

Immer wenn mich wer so deppert auf gach anraunzt, muss ich aufpassen, dass ich nicht gescheit auszuck'!
Immer wenn mich jemand so bescheuert von der Seite anquatscht, muss ich aufpassen, dass ich nicht total ausraste!

Schleich dich, du Zornbinkerl!
Verzieh dich, du jähzorniger Mensch!

Du kannst ja nur einem alten Mann ein Zuckerl in den Bart picken!
Du bist ja wirklich zu gar nichts zu gebrauchen!

Leider gibt es auch immer wieder Situationen, wo man sich bei jemandem einhauen *(einschmeicheln)* muss und möglicherweise dem ausg(e)schamtesten Gschaftlhuber *(unverschämtesten Wichtigtuer)* das Goderl kratzen *(schöntun)* soll. Dann sollte man eben gefinkelt (*schlau*) vorgehen, man will ja nicht als Kopfschüssler *(jemand, der sich selbst schadet)* dastehen.

Zeigen Sie, dass Sie sich auskennen! In dem Satz Pudel dich nicht auf ... *schwingt für viele Österreicher unterbewusst der Zusatz* ... Hustinettenbär! *mit, denn dieses Zitat stammt aus dem Kultfilm „Muttertag – Die härtere Komödie“ von Harald Sicheritz (1992).*

Im Stammlokal ist man nicht daheim und doch nicht an der frischen Luft!

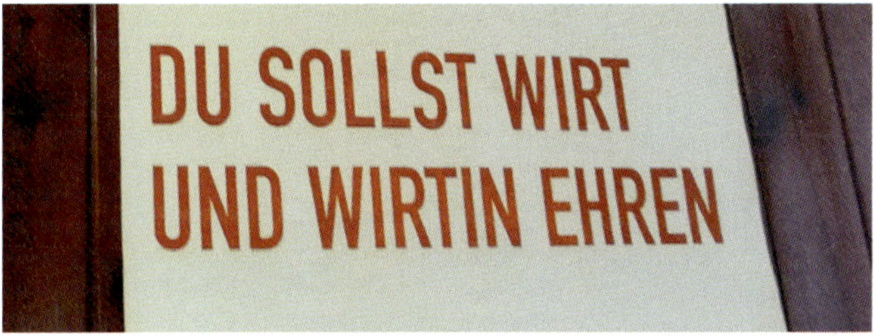

Foto: Daniel Krasa

Auf Aufriss: Flirten auf österreichisch

Keine Frage, am besten lernt man echtes Österreichisch im intensiven Kontakt mit den Eingeborenen, und dass bei engerem Kontakt auch mal das Herz pumpern *(klopfen)* kann, versteht sich ja praktisch von selbst. Wer also in der Alpenrepublik nach einem Partner oder einer Partnerin Ausschau hält, der sollte zuerst mal darauf achten, dass der oder die Angebetete kein fader Zipf *(langweiliger Zeitgenosse)* ist, und fesch *(hübsch, gut aussehend)* als auch gerissen *(gewitzt, aber ugs. auch im Sinn von „süß"!)* sollte er oder sie natürlich auch sein, denn wer will schon jemanden, der schiach *(hässlich)* ist.

Irgendwie klingt für Österreicher das in Deutschland übliche „Ich liebe dich!" steif und aufgesetzt. Hier sagt man lieber Ich hab dich gern! *oder* Ich hab dich lieb! *Im Dialekt natürlich auch:* I mog di! *(Ich mag dich!).*

Der schaut aus wie ein gespiebenes Apfelkoch.
Der sieht wie ein ausgekotztes Apfelmus aus.

Die hat einen Hintern wie eine Wurstsemmel um 5000 Schilling!
Die hat einen ganz schön fetten Arsch!

Du schaust heute aber fesch aus!
Du siehst heute aber flott aus!

Hat man sich also für ein spezielles Herzbinkerl *(Liebling, Herzblatt)* entschieden, sollte man mit diesem anbandeln *(flirten),* wobei es sicher nicht verkehrt ist, wenn man dabei keinen Genierer hat *(sich nicht geniert)*. Allzu anlassig *(aufdringlich)* sollte man jedoch nicht sein, wenn man erfolgreich beim Anbraten und Anbandeln *(bei der Anmache)* sein will. Speziell Männer prahlen im Nachhinein gern, dass sie jemanden aufgezwickt *(aufgerissen)* haben, auch wenn sich die auserwählte Dame später als Flitscherl *(Flittchen)* entpuppt. Ob es nur bei einem Bussi aufs Wangerl *(Küsschen auf die Wange)* bleibt oder doch ein Gspusi *(Techtelmechtel)* daraus wird, ist natürlich situationsbedingt ganz unterschiedlich. Und dass man sich dabei hin und wieder auch in jemanden verschaut *(verliebt)*, bleibt da nicht aus. Wer hingegen leer ausgeht und niemanden ordentlich abbusseln *(abknutschen)* kann, hat ja theoretisch immer noch die Möglichkeit zum Spechtler *(Spanner)* zu werden.

Bei Gspusi *kann unterschwellig mitklingen, dass es sich um eine außereheliche Affäre handelt. In Ostösterreich hört man neben* das Gspusi *auch* das Pantscherl.

pudern, schnackseln	poppen, ficken
der Beutel	Eier, Hoden
der Spatz, das Spatzi, der Zipfel, das Zipferl, das Zumpferl	Pimmel, Schniedelwutz
die Fut, die Muschi	Fotze
der Popo [popó], **der Popsch**	der Popo
die Tutte, die Tuttel	die Titte

Nicht nur beim Aufriss, sondern allgemein im Umgang mit Österreicherinnen und Österreichern ist eine Prise Schmäh nie verkehrt. Dieser vor allem den Wienern zugeschriebene

Foto: Daniel Krasa

Mögen Ihre österreichischen Sprachkenntnisse zur ewigen Liebe führen!

Sprachhumor, bei dem immer auch ein bisserl Frechheit und Schwindelei mitschwingt, muss aber gelernt sein, sprich: man sollte es verstehen, dass der Schmäh rennt *(dass es recht lustig und ausgelassen ist)*. Denn der Grat zwischen echtem Schmähführen und Schmähtandeln *(billige Witze machen)* ist schmal.

Man muss also aufpassen, dass man einerseits nicht von seinen Gesprächspartnern am Schmäh gehalten *(verarscht)* wird und andererseits nicht als schmähstad *(witzlos, humorlos)* gilt oder gar einem Lavendelschmäh *(Verkaufstrick)* auf den Leim geht. Und das ist jetzt kein Schmäh *(das ist jetzt kein Witz!)*.

Wenn ein Mann als Warmer bezeichnet wird, meinen wenig aufgeschlossene Zeitgenossen, dass er schwul ist. Erfreulicherweise sind die Zeiten auch in Österreich vorbei, wo dies gleich im Vorfeld über jeden hinter vorgehaltener Hand bestimmt wurde, wenn er ein Flinserl *(Männerohrring)* im Ohr hatte.

Redewendungen

Den letzten Schliff beim Sprachenlernen bekommt man mithilfe von Sprichwörtern und Redewendungen, und gerade im österreichischen Deutsch unterscheiden sich diese erheblich von ihren bundesdeutschen Pendants.

Da bist du ordentlich auf die Seife gestiegen!
Da bist du aber ganz schön ins Fettnäpfchen getreten!

Da fährt die Eisenbahn drüber!
So ist es! Das steht fest und kann nicht geändert werden!

Da hört sich ja alles auf!
Das ist ja wohl die Höhe!

Da zieht's dir die Schuhe aus!
Das macht dich total fertig!,
Das haut dich um!

Das freut mich nicht!
Ich habe keine Lust!

Das geht mich voll an.
Das geht mir irre auf die Nerven.

Das haut mich vom Stockerl!
Das haut mich vom Hocker!

Das ist für den Hugo!
Das ist für die Katz! Das ist total sinnlos!

Das ist so sicher wie das Amen im Gebet.
Das ist so sicher wie das Amen in der Kirche. Daran ist nichts zu ändern.

Das spießt sich!
Das ist ganz schön verworren!
Da geht gar nichts voran!

Das taugt mir!
Das gefällt mir! / Das macht mir Spaß!

Foto: Daniel Krasa

Wer Pferde musizieren sieht, sollte sich beim Tschechern (Saufen) etwas zurückhalten

Die Krot wirst du schlucken müssen!
Damit musst du dich abfinden müssen!

Einer hat immer das Bummerl.
Einer geht immer leer aus.

Er legt immer noch ein Schäuferl nach!
Er muss immer noch 'ne Schippe nachlegen!

Es zieht wie in einem Vogelhaus!
Es zieht wie Hechtsuppe!

Hauen wir uns auf ein Packl!
Lass uns uns zusammentun!

Ich reiß mich nicht drum!
Ich bin nicht gerade scharf drauf!

Ich will Veitl heißen, wenn das nicht wahr ist.
Ich schwöre es dir!

Jetzt kann ich nicht mehr aus!
Jetzt gibt es keinen Ausweg mehr!

Hauen wir uns über die Häuser!
Komm, wir verschwinden!

Machst du mir das zu Fleiß?
Machst du das extra?!

Was liegt, das pickt.
Verbindlich zugesagt ist zugesagt.

Interjektionen und Ausrufe

Auch bei den Ausrufen ist das Österreichische nicht gleich dem Bundesdeutschen, so hört man hier praktisch niemals *Au ja!*, *Hammer ej!* oder *Oh Mann!*. Vergleichen Sie diese Interjektionen.

Ah so!	Ach so!
Au weh!	Au Backe!
Bumstinazl!	Wahnsinn!, Unfassbar!
Fix noch einmal!	Mist!, Verflixt!
Geh, bitte!	Ach, komm!
Gemma gemma!	Schneller! Ein bisschen zackig!
Gemma...!	Lasst uns...!
Hoppala!	Hoppla!
Jössas!	Huch!
Kruzitürken!	Verflixt!
Na da schau her!	Das sind ja mal Neuigkeiten!
Na geh?!	Echt?, Wirklich?, Kann doch nicht wahr sein!
Na Servus!	Das hat jetzt noch gefehlt!
No na!	Versteht sich ja wohl von selbst!
Oarsch!	Scheiße!
Öha!	Hoppla!, auch: Moment mal!

Pfoa!	Boa (ej)!
Schau di' an!	Mann oh Mann!
Schas! **So a Schas!**	Scheiße!
Schmäh ohne! / Ohne Schmäh!	Das meine ich ganz ernst!
Soda! / Sodala!	Hier! / Hier haben Sie! / Hier habt ihr!
Ui je! / Ui jegerl!	Ojemine!
Volle Wäsch(e)!	Volles Rohr!
Wäh, ist das grauslich!	Igitt (ist das eklig)!
Wusch! / Geh wusch!	Wow!, Unglaublich!

Nicht verwechseln: der Schas *bezeichnet nicht die „Scheiße“, sondern den „Furz” oder den „Pups”. Und ist man mal mit wirklich allem unzufrieden, bietet sich als Ausruf an:* Ois a Schas! *oder* Ois Oarsch!

Der Ausruf No na! antwortet auf eine Frage, die sich der Fragesteller eigentlich selbst beantworten kann. Zum Beispiel: Ein entnervter Reisender auf dem Perron *(Bahnsteig)* versucht mit seinen schweren Koffern dem abfahrenden Zug noch nachzukommen. Darauf fragt ihn der gehässige Bahnangestellte am Gleis: „Na, haben Sie Ihren Zug verpasst?“ Worauf der Reisende antworten könnte: No na, verscheucht werd' ich ihn haben!

Sprachtest: Wie fit sind Sie für Österreich?

1.) Was kann man mit einem Busserl nicht machen?
a) kriegen
b) backen
c) lenken

2.) Was ist tatsächlich ungenießbar?
a) Der Spezi trinkt ein warmes Spezi.
b) Der Pepi isst einen warmen Pepi.
c) Der Hansl trinkt einen warmen Hansl.

3.) Ein Scherzerl kann man nicht ...
a) essen
b) machen
c) bauen

4.) „Ich hab' ein Gwirks mit dem Nachbarn" bedeutet:
a) Der Nachbar und ich teilen uns den Fußabstreifer.
b) Die Situation mit dem Nachbarn ist zurzeit etwas verfahren.
c) Der Nachbar und ich gehen gern mal zusammen auf ein Bier.

5.) „Du gehst mir ab" sagt man am besten zu ...
a) einer Partylöwin
b) einer geliebten Person
c) einer Lawine

6.) „Jetzt ist sie eingegangen!" sagt man nicht bei einer ...
a) E-Mail
b) Katze
c) Stoffhose

7.) Welche Situation ist am angenehmsten?

a) Mit dem Häferl im Häfn sitzen.

b) Mit der Marie und ihrer Marie fortgehen.

c) Ein Auto mit dem Fahrer im Öl und einem Fahrer im Lack haben.

8.) Vor dem Verhungern kann man in Österreich nicht gerettet werden durch ...

a) einen Schweden

b) einen Russen

c) einen Indianer

Lösungen: 1c, 2b, 3c, 4b, 5b, 6a, 7b, 8a

Literaturhinweise

Wer nun neugierig geworden ist und es genauer wissen will, findet hier einige Wörterbücher zum österreichischen Deutsch:

Österreichisches Wörterbuch.
Schulausgabe, 43. Aufl. (ISBN 978-3-209-08513-9)

Duden – Wie sagt man in Österreich? Jakob Ebner, Wörterbuch des österreichischen Deutsch, 4. Aufl. 2009.

Ist Österreich ein „deutsches" Land?
Rudolf De Cillia und Ruth Wodak, Studienverlag 2006.

Die Herzenswörter der Österreicher,
Rudolf Muhr, Amalthea Verlag 2015.

Österreichisches Aussprachewörterbuch,
Rudolf Muhr, Verlag Peter Lang 2008.

Wörterbuch der Alltagssprache Österreichs,
Robert Sedlaczek, Haymon Verlag 2011.

Kleines Handbuch der bedrohten Wörter Österreichs,
Robert Sedlaczek, Ueberreuter 2007.

Foto: Daniel Krasa

Diese Wörterliste enthält ca. 1200 österreichische Wörter aus diesem Buch mit ihrer bundesdeutschen Entsprechung. Dahinter steht die Seitenzahl, auf der dieses Wort zu finden ist.

A

anrichten *Speisen drapieren* 57
ansandeln *anstecken [Krankheit]* 125
anschaffen *befehlen* 57
anstehen *nicht mehr weiterwissen; auch: bevorstehen* 57
anstellen *etwas Schlimmes anrichten* 57
antauchen *anschieben* 74
aper *schneefrei* 110
Apfelkoch *Apfelmus* 162
Apfelspeigerl *Apfelspalte* 136
Apportl *Gegenstand zum Apportieren* 123
approbieren *zulassen* 14
apropos *übrigens* 17
Aranzini *Orangeat* 133, 144
Arbeiterkammer *Arbeitnehmervertretung* 84
arg *schlimm; sehr* 54
Aschanti *Erdnüsse* 133
Asperl *Mispelfrucht* 135
auf d'Nacht *abends* 68
auf der Seife *auf der Leitung (stehen)* 96
auf ein Packl hauen, sich *sich zusammentun* 167
auf einen Sitz *auf einmal* 78
aufbähen *aufbacken* 143
aufblatteln *jmd. bloßstellen* 158
aufdrehen *einschalten* 57
aufhauen *stürzen, hinfallen; es hat mich aufgehaut = ich bin gestürzt* 127
aufheben *aufbewahren* 57
auflassen *auflösen* 102
aufmascherln, sich *sich aufbrezeln* 116
Aufnahmsprüfung *Aufnahmeprüfung* 43
aufpudeln, sich *sich aufregen* 160
aufputzen *schmücken [Weihnachtsbaum]* 78
Aufsperrdienst *Schüsseldienst* 119
aufsperren *aufschließen* 119
aufsteigen *versetzt werden [Schule]* 96
aufzeigen *sich melden [Schule]* 97
aufzwicken *aufreißen [Nachtleben]* 163
Augengläser *Brille* 44
ausbeuteln *ausschütteln* 120
ausfolgen *aushändigen* 91
ausfratscheln *ausfragen* 92
ausgehen, sich *[zeitlich] passen, klappen* 10, 68
ausgeschamt *unverschämt* 161
ausgehen *zu Ende sein, z. B. Vorräte* 56
Ausgleich *Vergleich [gerichtlich]* 91
ausg'steckt *geöffnet [Lokal]* 153
auskommen *entgehen, entwischen* 86, 123
auslassen *freilassen* 123
Ausnahmsfall *Ausnahmefall* 43
ausrasten, sich *sich ausruhen* 125
ausrichten *bewirken; [Grüße] bestellen, schlecht über jmd. sprechen* 57
Ausschank, die *Ausschank, der* 38
ausschnapsen *ausmachen, vereinbaren* 122
Aussendung *Rundschreiben* 91
äußerln gehen *Gassi gehen* 123
außertourlich *außerplanmäßig* 114
auszucken *ausflippen* 161
Autobahnknoten *Autobahnkreuz* 111
Autodrom *Autoscooter* 74
Aviso, das *Avis, der* 17

B

baba *Abschiedsgruß, Wiener Dialekt* 66
bacherlwarm *schön warm* 105
Backhendl *Brathähnchen* 138
Bagage *Rasselbande; Gesindel* 72
bamstig *taub, gefühllos* 126
Bankerl *Bänkchen* 39
Bankl: ein Bankl reißen *sterben* 72
barabern *malochen* 86
Bartwisch *Handfeger* 121
Bauchfleck *Bauchklatscher* 81
Bausparer *Bausparvertrag* 118
Beamtenforelle *ugs.: Knackwurst* 137

Wörterliste

G

Wörterliste

Gemeindebau *gemeindeeigenes Wohnhaus, sozialer Wohnungsbau* 118
gemma *gehen wir! Los geht's! [Dialekt]* 67, 120, 168
einen Genierer haben *sich genieren* 162
Genussspecht *Genießer* 146
gepantscht *verdünnt* 155
Gerichtsjahr *einjähriges Juristenpraktikum* 92
Germ *Hefe* 144
Germstriezel *Hefezopf* 144
Gerstl *Zaster, Knete, Kohle = Geld* 100, 101
gescheit *klug; anständig, ordentlich, vernünftig, richtig* 54, 120, 122, 161
geschwind *schnell* 71, 131
Geselchtes *Geräuchertes* 139
gespieben *ausgekotzt* 162
gespritzt *mit Mineralwasser gemischt, Schorle* 157
Gestatten Sie! *Entschuldigung!* 66
gestaubt *mit Mehl bestäubt* 143
Gestell, das ganze Gestell *das ganze Skelett, alle Knochen im Leib* 127
gestopft *wohlhabend, reich* 100
Gesundenuntersuchung *Vorsorgeuntersuchung* 126
Gewand *Kleidungsstück* 115
Gewurl *Tumult, Gedränge* 74
gfeanzt *gemein* 99
Gfrast *Miststück, Nichtsnutz* 43
Gfrastsackl *freches, schlimmes Kind* 127
Gfrett *Ärger, Mühe* 43
Gfrieß *Fresse, Visage [abwertend]* 43
Giftler *Drogensüchtiger* 92
Gilet *ärmellose Weste* 115
GIS *Gebühren Info Service [ähnlich GEZ]* 104
Glaserer *Glaser* 83
Glaserl *Gläschen* 39, 152
glatzert *kahlköpfig, auch: abgefahren [techn.]* 53
Gleichenfeier *Richtfest* 119
Gleichschrift *Abschrift* 91
Glocke *Klingel* 122
Glumpert *Plunder* 43
Goal *Tor [Sport]* 18
Goalie *Torwart [Sport]* 79
Goderl, jmd. das Goderl kratzen *Kinn; jmd. umgarnen, schöntun* 161
Goiserer *Bergschuhe* 116
Goldhaube *goldbestickte Trachtenhaube* 116
Goscherl *Mund* 146
Gosch(e)n *Mund, Maul* 160
goschert *frech, pampig* 53, 70
Graffel *Gerümpel* 43
Grammeln *Grieben* 25, 139
Granada *gleich spielt's Granada = gleich gibt's Ärger!* 160
grantig *schlecht gelaunt* 160
Grantscherm *Miesepeter, Grantler* 158
Grapefruit *Pampelmuse* 18
Greißler *Krämer, Kaufmann* 82, 132
Grenadiermarsch *Gericht mit Nudeln, Kartoffeln, Zwiebeln und Wurststückchen* 128
Grießkoch *Grießbrei* 128
Griller *Grill* 138
Gröstl *Pfannengericht mit Kartoffeln* 43, 150
Grundbirne *Kartoffel* 25, 134
Grundwehrdiener *Grundwehrdienstleistender* 85, 88
Grüner Heinrich *Grüne Minna* 92
Gschaftlhuber *Wichtigtuer* 161
Gschau *Gesicht* 124
Gscherter *Tölpel* 43
Gschisti-Gschasti *Getue* 43
Gschlader *Plörre* 43

Gschnas *Maskenball* 75, 76
Gschrapp *Kind* 71
Gsindel *Gesindel, Gesocks* 43
Gspusi *Techtelmechtel* 43, 163
Gstanzl *Spottlied* 43, 75
Guglhupf *Napfkuchen* 148
Gummi, der *Gummi, das* 38
Gummiringerl *Gummiring* 86
Gurkerl *Gürkchen* 80
Gusto *Appetit* 17
Gustostück *bevorzugtes Fleischstück* 139
Gwirks *verfahrene Situation* 43

H

Habe die Ehre! *Guten Tag! [ostösterr.]* 65
Haberer *Freund, Kumpan* 16
Hachel *[Gemüse-]Hobel* 130
hacheln *hobeln* 131
Hacke *Beil, Axt* 109
hackeln *malochen* 86
Hackler *Arbeiter* 84
Hacklerregelung *Pensionsregelung für langjährige Arbeitnehmer* 84
Hackstock *Hackklotz* 109
Hadn *Buchweizenmehl* 133
Häferl *große Tasse mit Henkel, „Pott"* 40, 86, 130
Häferlkaffee *Milchkaffee in großer Tasse* 145
Hafn, Häf(e)n *Topf; Knast, Gefängnis* 92, 93, 130
Hafner *früher: Töpfer; heute: Ofensetzer* 14, 130
Haftelmacher: aufpassen wie ein … *aufpassen wie ein Luchs* 84
Hakerl *Häkchen* 96, 98
handgewuzelt *handgerollt* 128
Hangerl *Geschirrtuch* 130
hantig *unfreundlich* 159
Hascherl *Weichei* 159
hatschen *hinken, humpeln* 125, 127
Haube *Wollmütze* 115
Häup(t)elsalat *Kopfsalat* 135
Hauptgegenstand *Hauptfach [Schule]* 97
Hausbesorger *Hausmeister* 82
Hausschlapfen *Pantoffeln* 120
Hausübung *Hausaufgabe* 96, 97
Havarie *Schaden am Auto* 111
Haxen, Haxl *Bein* 127, 160
Heckenklescher *minderwertiger, saurer Wein* 154
heckerln *foppen, piesacken, hänseln* 158
Heidenmehl *Buchweizenmehl* 133
Heile! *Hallo! [Vorarlberger Dialekt]* 22
Heindl *Hacke* 109
Hendl *Huhn* 109, 111, 140
Hendlhaxerl *Hähnchenschenkel* 142
herbsteln *herbsten, kühler werden* 105
hernehmen *verwenden* 131
Herrenpilz *Steinpilz* 109
Herrgottswinkel *Ecke mit Kruzifix in religiösen Haushalten* 119
herrichten *vorbereiten; reparieren* 58
Herrl *„Herrchen" [Hund]* 123
herumbrodeln *herumtrödeln* 69
herumkletzeln *herumzupfen, -kratzen* 127
Herzbinkerl *Liebling, Herzblatt* 162
herzig *süß, niedlich* 54, 70, 124
heuer *in diesem Jahr* 25, 68, 76
heurig *diesjährig* 74
Heurige *neue Kartoffeln* 135
Heuriger *diesjähriger Wein; Weinlokal* 152
Heustadel *Scheune* 108
hie und da *ab und an* 68
hin, hinig *kaputt* 87, 118
hin und retour *hin und zurück* 114
hinaufhatschen *rauflaufen* 117
hinhauen *klappen; auch: stürzen* 80, 108

hintennach *danach* 68
Hobelscharten *Hobelspäne* 83
Hochschaubahn *Achterbahn* 74
Hohlhippen *Waffelröllchen* 146
Holler *Holunder* 109
Hollerröster *ähnlich Kompott, aus Holunderbeeren* 147
Holzpyjama *ugs:. Sarg* 72
Holzschlichten *Holz hacken* 109
Hoppala! *Hoppla!* 129, 168
Hörnchen *kleine Hörnchennudeln* 59
Hosensack *Hosentasche* 115
Hosentürl *Hosenschlitz* 115
hudeln *eilen, überstürzen* 62, 122
Hudri-Wudri *Oberchaot* 69
Hüferl *Rinderhüfte* 140
Hülsn *ugs.: Dose Bier* 156
Hundstrümmerl *Hundehaufen* 123
Hupfer *Satz, Sprung* 127
Huscher *Knall, Macke, Meise [ugs.: verrückt sein]* 159
Hutsche *Schaukel* 74
hutschen *schaukeln* 74

I

i-Tüpferl-Reiter *Korinthenkacker* 98
ident *identisch; dasselbe* 98
im Öl *volltrunken* 154
im Pfusch *in Schwarzarbeit* 83
im Vorhinein *im Voraus* 68
in Ausgleich gehen *einen Vergleich schließen* 102
in der Früh *morgens* 68, 86, 144
in Hinkunft *in Zukunft* 69
in Summe *insgesamt* 89
in Verstoß geraten *nicht auffindbar* 91
Indianer *süße Spezialität, ähnlich dt. Mohrenkopf* 149
inskribieren *sich einschreiben [Uni]* 99
Installateur *Gas-, Wasser-, Elektroinstallateur* 83
Irritierungen *Irritationen* 113

J

Jagertee *Tee mit Schnaps* 110
Janker *Trachtenjacke* 116
Jänner *Januar* 10, 14, 68
Jännerloch *touristische Flaute zwischen Weihnachten und Februar* 68
Jaukerl *Pieks, Injektion* 126
Jause *deftiger Imbiss mit Brot* 15
Jausengegner *leichter Gegner [Sport]* 80
jausnen *eine Kleinigkeit essen, einen Imbiss nehmen* 124
Jean *Jeans* 44, 115
Jessas *auch:* **Jössas!** *Ausruf „Jesus!" („Ach du meine Güte!")* 121, 168
Joch *altes, noch übliches Flächenmaß [5700 m²]* 108
Joghurt, die / das *Joghurt, der* 37
Jolly *Kartenspiel „Rommé"* 81
Jourgebäck *Gebäck im Miniformat, z. B. Semmeln* 143
Journaldienst *Bereitschaftsdienst* 90
Juchhe *Galerie, Empore* 76
Jus *Jura* 92
Justizanstalt *Gefängnis* 92

K

Kabanossi *lange dünne Brühwurst* 142
Kabinett *kleines Zimmer* 117
Kacherl *bestimmte Landung beim Skispringen* 81
Kaiserschmarren *in Stücke zerteilter dicker Pfannkuchen mit Rosinen und Puderzucker* 147

N

O

P

perlustrieren *genau durchsuchen* 18
Perron *Bahnsteig* 169
Petersil, der *Petersilie, die* 38
petschiert *ruiniert* 15
Pfeiferl *Trillerpfeife* 80
Pfiat di, Pfiat euch *Abschiedsgruß („Behüt dich Gott")* 66, 67
Pfiff *ca. ein halbes Seidel, 0,17 l [Bier]* 156
Pfitschigogerln *Tischfußball mit Kamm, Münze oder Murmeln* 72
pflanzen *veräppeln, foppen* 158
pfuschen *schwarz arbeiten* 82
picken *kleben* 60, 102, 167
Pickerl *Aufkleber; auch: TÜV-Plakette* 40, 111, 112
picksüß *irre süß* 55, 146
Pinsch *Schulnote Fünf* 96
Plafond *Zimmerdecke* 118
Planquadrat *Alkoholkontrollen* 93
pofeln *rauchen* 151
Pofesen *Arme Ritter* 150
Polenta *Maisgrieß* 133
Polizze *Versicherungspolice* 18, 90
Polster, der (Mz. Pölster) *Kissen* 38, 44, 121
Polsterzipf *dreieckige Mehlspeise mit Marmeladenfüllung* 147
pomali *langsam, mit Gemach* 15
Pönale *Strafe* 90
Popsch *Popo* 163
Postkastl *Briefkasten* 85
Postler *Postbeamter* 85
Powidl *Pflaumenmus* 15, 146, 147
Pracker *Teppichklopfer* 121
pragmatisiert *verbeamtet* 86
Praliné, Pralinee, das *Praline, die* 37
präpotent *überheblich* 159
pressieren: es pressiert *eilen, es eilt* 92
Primar(ius), Primararzt *entspricht dt. Chefarzt* 126
Profiterole *Windbeutel* 147
Prospekt, das *Prospekt, der* 38
pudern *poppen* 163
Puff, das *Puff, der* 37
Pülcher *Gauner* 92
pumperlgesund *kerngesund* 125
pumpern *klopfen [Herz]* 162
Punschkrapferl *rosa glasierter Würfel aus Biskuit mit Füllung* 146, 147
Pupperl *Püppchen* 71
Putzerei *Reinigung, Wäscherei* 82, 83
Putzfetzen *Putzlappen* 121

Q

quasi *sozusagen* 18
Quetschen *Akkordeon* 75

R

Rabiatperle *saurer, minderwertiger Wein* 154
Radl *Fahrrad* 45, 114
Radl Wurst *Scheibe Wurst* 142
Radler *„Alster" [Bier & Limo]; Radfahrer* 37, 114, 156
Randstein *Bordstein* 112
Rastplatz *Raststätte* 112
Raststation *Autobahnraststätte* 112
ratschen *sich unterhalten, klönen* 122
Rauchfang *Kamin; Schornstein* 22, 117
Rauchfangkehrer *Schornsteinfeger* 83
raunzen *nörgeln* 87
raunzert *mürrisch* 53
Rayon *Dienstbezirk der Polizei* 90
Rayonsinspektor *für einen Rayon verantwortlicher Polizist* 90
Rechen *Harke* 14, 110

rechts ranwacheln *rechts ranwinken* 111
recken, es reckt mich *mir ist übel* 125
Referee *Schiedsrichter* 18, 79
rehren *brüllen [Dialekt]* 71
Reindl *Backform, Auflaufform* 120, 131
reißen, einen Stern reißen *stürzen, v. a. beim Skifahren* 80
Reißnagel *Reißzwecke* 86
Renner *heftiger Stoß, Schubs* 160
Repetent *Sitzenbleiber* 96
resch *knusprig, frisch* 143, 144
Retourgang *Rückwärtsgang* 112
Rettung *Ambulanz, Krankenwagen* 112, 126
reversieren *wenden* 112
Revitalisierung *Sanierung* 118
Ribisel *Johannisbeere* 135
Ribiselstaude *Johannisbeerstrauch* 109
Rindsbraten *Rinderbraten* 140
Rindssuppe *Rinderbrühe* 129, 140
Ringelspiel *Karussell* 74
Ripperl *Rippchen* 139
Rist *Spann* 125
Rodel *Sackkarre* 58, 110
rodeln *Sportrodeln* 81
Rohne *rote Bete* 135
Rohr *Backofen* 119, 149
Rollbalken *Rolladen* 83
Rollgerstlsuppe *Graupensuppe* 129
röntgenisieren *röntgen* 50
Rostbraten *Roastbeef* 140
rotschädlert *rothaarig* 53
Rouleau *Rollo* 16
Ruderleiberl *ärmelloses T-Shirt* 115
Ruf(e)zeichen *Ausrufezeichen* 98
runterlassen *Toilettenspülung betätigen* 119
runterradeln *[auswendig] herunterleiern* 98
Russen *eingelegte Heringe* 134

S

Sacherwürstel *lange Frankfurter Würstchen* 138
Sackerl *Tüte* 24, 40, 123, 132
Salon *Wohnzimmer* 83
Salzstangerl *längliches Salzgebäck* 40, 143
Sandler *Obdachloser* 25, 100
Sandwichwecken *langes Weißbrot* 143
sauber *sehr, ganz schön, ordentlich [Verstärkung v. Eigensch.]* 54, 111
Sauce *Soße* 16
Saumaise *von Schweinsnetz umhülltes Pökelfleischlaibchen* 139
Schadenserhebung *Schadensfeststellung* 91
Schafblattern *Windpocken* 125
Schaffel *Kübel, Zuber, Bottich* 105, 121
Schaffner *Zugbegleiter* 85
Schale *Haut von Obst und Gemüse, kein „Schälchen“* 58
Schanigarten *kleine Sitzgelegenheit vor Gasthäusern* 155
Schank *Theke* 155
Schas *Furz, Pups* 169
schauen *sehen, gucken* 62
Schäuferl *Schäufelchen, Schippe* 167
Schaumrolle *Schillerlocke [Gebäck]* 147
Scheibtruhe *Schubkarre* 110
Scheiterhaufen *Auflauf mit Baiserhaube* 147
Scherben, den Scherben aufhaben *in eine missliche Lage geraten sein* 83
Scherzerl *Brotanschnitt, Knust, Kanten* 40, 143, 144
Schi *Ski* 80
schiach *hässlich* 162
Schiefer *Holzsplitter* 109
schiffen *pinkeln* 71
Schilcher *steirischer Wein aus der Schilchertraube* 155

Schwindelzettel *Spickzettel* 97
Sechser *sechs Richtige im Lotto* 45, 96
Sechsertragerl *Sixpack* 40, 157
Seicherl *kleines Sieb* 130
Seide(r)l *kleines Bier [0,3 l]* 156
Seitenblickegesellschaft *etwa: Bussi-Bussi-Gesellschaft* 104
sekkieren *veräppeln, foppen* 158
selchen *räuchern* 139
Selchkarree *Kassler* 139
Semmel, Semmerl *Brötchen* 138, 141, 143
Semmelbröckerl *Semmelwürfel* 143
sempern *jammern, nörgeln* 71, 79
Service, das *Service, der* 37
Servitut *Dienstbarkeit* 14
Servus *Hallo* 65, 155, 168
Sessel *Stuhl* 119
Siebschöpfer *Schaumlöffel* 131
Singerl *Küken* 31
skartieren *Akten vernichten* 14
Skihaserl *Ski-Anfänger/in* 79, 81
Skistecken *Skistöcke* 81
Skiwasser *Erfrischungsgetränk aus Soda, Himbeersirup und Zitronensaft* 81
Soletti *Salzstangen* 34
Spagat *Bindfaden* 38, 58
Sparefroh *sparfreudige Person* 101
Sparkassa *Sparschwein* 101
Spatz, Spatzi *Spatzi* 163
Spechtler *Spanner* 163
speiben *speien* 16, 126
Speibsackerl *Kotztüte* 112
Speis, die *Speisekammer* 118
Spengler *Klempner* 83
Sperrlinie *Fahrbahnbegrenzung* 112
spießen, sich *nicht vorangehen, haken* 166
Spital *Krankenhaus* 126
Spitz, der *Spitze, die; auch: Schwips* 38, 154
Spompanadeln *Fisimatenten, Schwierigkeiten* 160
Sponsion *Verleihung des akademischen Titels (außer Doktor)* 99
Spray, der *Spray, das* 38
spritzen *schwänzen [Schule]* 99
spritzen *gießen [Blumen]* 120
Spritzer *Weinschorle* 155
Spritzsack *Spritzbeutel* 130
Sprossenkohl *Rosenkohl* 135
Spundus *Bammel, Angst* 86
Stadelfest *Scheunenfest* 108
Stamperl *Schnapsglas, Pintchen* 110, 157
Standl *Bude, Stand* 73, 74
Stanitzel *Eiswaffel* 146
Statuarstadt *Stadtgemeinde* 106
Staubiger *diesjähriger ungefilterter Wein* 152
Staubzucker *Puderzucker* 134, 148
Stecken *Stock* 14
Steckerleis *Eis am Stiel* 134
Steckerlfisch *gegrillte Fische* 74
Steige *Kiste, Obstkiste* 136
Steirerhut *steirischer Trachtenhut* 110
Stellung *Musterung* 88
Stelze *Eisbein* 139
Stern: einen Stern reißen *hinfallen , auf die Fresse fliegen* 80
Steuerzuckerl *Steuerbegünstigung* 102
Stiege *Treppe* 90, 118
Stiegenhaus *Treppenhaus* 118
Stifterl *kleine Weinflasche (drei Achtel = 0,375l)* 156
Stockerl *Hocker* 119, 165
Stockerlplatz *Podestplatz* 81
Stockzahn *Backenzahn* 126
Stoppel *Korken* 156
strawanzen *sich herumtreiben* 99
Streichwurst *Teewurst* 142
strichlieren *stricheln, schraffieren* 50
Strichpunkt *Semikolon* 98
Strizzi *Unterweltler* 92

T

U

V

vernadern *verraten, denunzieren* 83, 158
vernudeln *zerknittern* 99
verschauen, sich (in jmd.) *sich verlieben* 163
versprudeln *verquirlen* 131
Versteckerl *Versteckenspielen* 72
vertschüssen, sich *sich verabschieden* 67
Viadukt, das *Viadukt, der* 37
Vierterl *0,25 l Wein* 156
Vinschgerl *flaches [Roggen-]Brötchen* 144
vis-à-vis *gegenüber* 17
Vogerlsalat *Feldsalat* 136
Vokabel, das *Vokabel, die* 37
Volksanwalt *Schiedsmann, Schiedsgericht* 107
Volksschule *Grundschule* 94
voll fett *volltrunken* 154
volle Wäsch(e) *volle Kanne, volles Rohr* 55, 169
Vollkoffer *Vollidiot, Vollpfosten* 158
Vorerhebungen *Ermittlungen* 92
Vorgangsweise *Vorgehensweise* 91
Vorhaus *Hausflur* 118
Vorrang *Vorfahrt* 112
Vorzug *besondere Auszeichnung* 97

W

Wachauer *rundes Kümmelbrötchen* 144
wachseln *wachsen [Ski]* 80, 81
Wachtmeister *mil. Dienstgrad* 88
Wahlarzt *Arzt ohne Kassenvertrag* 126
Wahlkarte *Wahlschein* 107
Wahlzuckerln *„Wahlbonbons" = Wahlversprechen* 107
Waldviertler *dunkle geräucherte Brühwurst* 138
wampert *dick* 53
warmer Hansl *schaler Rest Bier im Glas* 156
Warmer *Schwuler [abwertend]* 164
Waschblatt(l) *Boulevardblatt* 103
Waschmuschel *Waschbecken* 119
Waschrumpel *Waschbrett* 110
Waserl *Weichei* 159
Watsche(n) *Ohrfeige* 159
watscheneinfach *kinderleicht* 55
Weckerl *Brötchen* 143, 144
Weh *Schmerzen* 125
Weiberl *Weibchen* 123
Weichsel *Sauerkirsche* 25, 136
Weihnachtsremuneration *Weihnachtsgeld* 102
Weinbeißer *kl. weißer Pfefferkuchen* 147
Weinhauer *Winzer* 156
weit *wesentlich, um vieles* 54
weiters *außerdem, des weiteren* 103
Weitling *große, oben breite Schüssel* 131
Wettex *Schwammtuch* 121
Wickel *Konflikt, Streit* 152
Wiederholungsprüfung *Aufstiegsprüfung, Versetzungsprüfung* 96
wiescherln *pinkeln* 71
Wimmerl *Pickel* 40
Windbäckerei *Schaumgebäck* 147
Wissenschafter *Wissenschaftler* 43, 85
Wochengeld *Mutterschaftsgeld* 102
wochentags *werktags* 68
Wohnobjekt *Wohngebäude* 117
Wortspenden *Wortbeiträge* 104
Wuchtel *Fußball* 79, 80
Wuckerl *Fusseln* 115
Würstel, Würstl *Würstchen* 137, 138, 142
Würstlstand *Würstchenbude* 137
Wurzelwerk *Wurzelgemüse* 136
Wuzler *Kicker, Tischfußball* 80

Z

Die Autoren

Lukas Mayrhofer, gebürtiger Innviertler und Jahrgang 1975, lebt seit seinem Studium in Wien und arbeitet freiberuflich im Bereich Deutsch als Fremdsprache als Lektor und Seminarleiter. Durch seine Ausbildung als Germanist, Gastrosoph und Pâtissier zählt vor allem die Verbindung zwischen Sprache, Literatur und Kulinarik zu seinem Spezialgebiet. Er referiert unter anderem bei Workshops in ganz Europa über den Iran bis Sibirien nicht nur über die kulinarisch-historische Seite Österreichs, sondern zieht dabei Strudelteig per Hand aus und lässt die Öfen glühen.

Daniel Krasa ist freiberuflicher Autor und Dokumentarfilmer. Er wurde 1976 in Wien geboren, verbrachte aber den Großteil seines Lebens weitab von Schnitzel und Grünem Veltliner. Trotz seiner langjährigen Aufenthalte in der Arabischen Welt, in Südamerika und vor allem in Indien und Südostasien hat er den Kontakt zu Österreich nie verloren und versucht dies auch sprachlich zu unterstreichen. Im Reise Know-How Verlag liegen von Daniel Krasa mehrere Bände in der Kauderwelsch-Reihe sowie Reiseführer zu Wien, Graz, Tel Aviv, Frankfurt, Neapel sowie Ibiza und Formentera (zusammen mit Hans-R. Grundmann) vor.